アオザイ美人の仮説

おもしろまじめベトナム考

高橋伸二

時事通信社

まえがき

ベトナムに行こう！　何となく元気がない日本を飛び出して、若くてエネルギーあふれるベトナムを目指そう！

内外にニュースを配信する時事通信社がハノイに支局を開設したのは、日本の企業や若者がそんな「ベトナム熱」に浮かされていた２０１１年の秋だった。

リーマン・ショックに象徴される金融危機が尾を引き、会社は円高にあえぎ、中国で反日活動がくすぶり続けていたころだ。ベトナムは「チャイナ・プラス・ワン」の投資先として脚光を浴び、まだ手垢のついていない旅行先としても人気が高まっていた。

「お前もベトナムに行ってこい！」

「ほいきた！」

そんなノリで、私は特派員としてハノイ支局を立ち上げ、４年ほど暑く熱い国を取材で歩いた。

この本は、時事通信社がネットで配信している「海外速報ベトナム便」に連載した「ベトナムあたふた出張記・赴任記・駐在記」など約２５０本のコラムから１００本ほどピックアップして再編集し、東京に帰任してから共産党大会や天皇陛下のベトナム訪問を継続取材して加筆したルポルタージュだ。

ベトナムはあっという間に日本企業の有数の投資先となり、旅行先としても人気ランキングの上位に定着するようになった。コラムを書き始めた当時と今では隔世の感がある。だから昇り龍のような国家の発展ストーリーでもある（ちなみにハノイの旧称は昇龍《タンロン》）。

ネタ枯れで苦しまぎれに書いた「アオザイ美人の仮説」は意外にも一番読まれたコラムで、本書のタイトルに選んだ。魅惑的なベトナム女性の深淵をえぐる論考ではないから、それを期待して手に取った方には、すみません見かけ倒しです。

でも、ベトナムは、美しく、情に厚く、とにかく一途で、ちょっと見栄っ張りで、華奢《きゃしゃ》に見えてとても強く、つまりアオザイ美人そのものだ。

好きになったり嫌いになったり泣いたり笑ったり怒ったり呆れたり感動したり、いろいろなことがあった。ベトナムってホント面白いんです。どうぞ扉を開けて、中へお入りください。

＊登場人物の肩書はコラム掲載当時のものですが、必要に応じて加筆しました。みんなどんどん出世して（あるいは権力闘争に敗れて）いきます。

第1章 あたふた出張記——1

第2章 南北鉄道縦断の旅——31

第3章　ハノイ支局開設！——73

第4章　奇人と知人と偉人と美人——103

ベトナム目次マップ

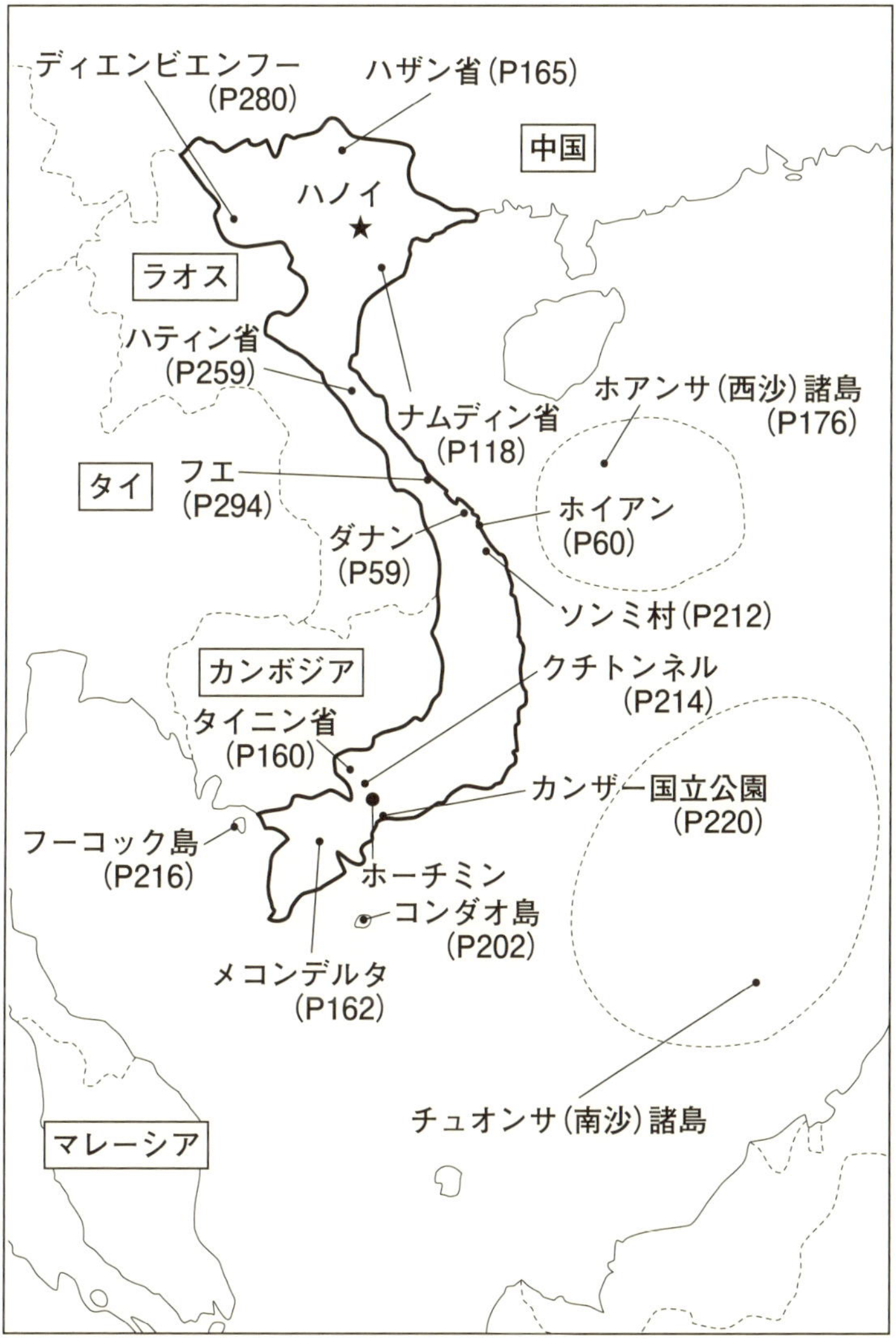

ディエンビエンフー
(P280)
ハザン省(P165)
中国
ハノイ
ラオス
ハティン省
(P259)
ナムディン省
(P118)
ホアンサ(西沙)諸島
(P176)
タイ
フエ
(P294)
ホイアン
(P60)
ダナン
(P59)
ソンミ村(P212)
クチトンネル
(P214)
カンボジア
タイニン省
(P160)
カンザー国立公園
(P220)
フーコック島
(P216)
ホーチミン
コンダオ島
(P202)
メコンデルタ
(P162)
チュオンサ(南沙)諸島
マレーシア

第1章　あたふた出張記

ハノイ・ノイバイ空港のベトナム航空機
（AFP＝時事）

黄金のデルタ地帯

ホーチミンのタンソンニャット国際空港。飛行機のタラップを降りると、熱風が頬をなで、汗が噴き出した。巨大なキヤノンの看板が目立つビルを遠くに見上げ、日本から着てきた冬用のジャケットを慌てて脱ぐ。ベトナムを訪れるのはこれが初めてだ。

世界最強のアメリカをやっつけて、１９７５年に社会主義国家として再出発したベトナム。旧ソ連型経済システムで長く暗い時代が続いたけれど、86年にドイモイ（刷新）で市場経済化にかじを切ってから急成長を続けている。

日本のメディアに取り上げられることも多くなり、時事通信社も「海外速報」のラインナップにベトナムを加えることになった。海外速報は北京、バンコクなどアジアを中心に現地で働く邦人向けの日本語ニュースで、ベトナムは世界で12カ国・地域目となる。

その「ベトナム便」づくりを任された。それまでインドシナ半島はまったくの素人で、一つのニュース媒体を白紙から創刊するのはなかなかチャレンジングだった。まずは現地を見なくてはと、おっとり刀でベトナム航空機に飛び乗った。

機内ではいきなり「黄金のデルタ地帯」に目が釘付けになる。麻薬密造の話ではない。スチュワーデスがまとうアオザイの深いスリットと純白のズボンが形成する三角形のナマ脇腹だ。

タンソンニャット国際空港

ベトナム国旗

ベトナム共産党旗

旧ソ連国旗

これだけでもうわくわくしてしまう。いやもちろん仕事しに行くのだが。

　6時間ほどで到着して空港を出ると、早くも「?」を見つけた。ベトナムの国旗と並んで、赤地に黄色の鎌と槌《つち》、何と旧ソ連国旗が掲揚されているではないか。「うーむ。何でソ連なんでしょうね。それほどベトナム戦争時代の恩義があるんでしょうか」。ある取材先でトンチンカンな質問をすると、あきれ顔で「あれはベトナム共産党の党旗です」と教えられた。

　OK。さっそく一つ学習した。少し調べると「鎌と槌は農民と労働者の団結を表す共産党のシンボル」と分かる。旧ソ連国旗は左上に小さく置かれ、☆（五芒星《ごぼうせい》）マークも付いている。ベトナム共産党旗のシンボルはどーんと真ん中にある。

　これからベトナムの国旗と共産党旗が並んで掲揚されている意味を、じんわり学んでいくことになるのだが、当初はこんなトホホな無知蒙昧《もうまい》記者だった。

濁流のすき間

「道路を渡るときはゆっくり歩いてください」。ヒダカさんは、私に会うなり恐ろしいアドバイスをした。

「こ、ここを渡るんですか」。目の前は軍隊アリのようなバイクの濁流である。

ヒダカさんはコンサルタント会社「アジア投資センター（ATC）」の会長で、海外速報事業の現地パートナーだ。

「はい。急いで渡るとバイクが目測を誤りますから」。ヒダカさんはそう言うと、いきなり濁流に身を投げた――じゃなくて二輪車の渦に分け入った。

この道でも渡れます

私も恐る恐る一歩を踏み出した。なるほど、バイクの運転手とアイコンタクトを取りながらゆっくり進むと、確かにぎりぎりのところでよけてくれる。特にクラクションも罵声もなく、通行人とバイクが意外なほどスムーズに行き交う。基本的に彼（女）らの運転は穏やかで優しい。

何日かたつと、この国には正規の道路交通法以外に、バイクだけに許される暗黙のルールが存在することが分かってきた。「すき間があれば、そこは自分の道」。対向車線だろうが、逆流しようが、歩道だろうが、バイクが通れるスペースがあればずんずん進む。逆に言えば、道路に人がいればそこにはすき間がないのだから、バイクはよけてくれる。１週間もすれば、大通りでも何のためらいもなく横切れるようになった。

大きなマスクにサングラスという月光仮面のような二輪車軍団に、「ここに人がいますよ」とある種の信号を発してゆっくり道を渡りながら、つらつらと考える。

この国なら案外、国際社会の荒波の中で、ちょっとしたすき間を見つけてすいすい前に進んでいくのかもしれない。何しろ中国とモンゴルとフランスを追い払い、日本もすごすごと引き返し、超大国アメリカでさえ勝てなかった、世界でただ一つの国なのだ。

最古のホテル

ホテルの部屋に足を踏み入れた途端、何かの間違いだと思った。大きなベッドが二つ、体育館のような天井、奥にはミーティングルームまである。ヒダカさんに予約をお願いしたとはいえ、予算の低料金で泊まれるはずがない。すぐヒダカさんに電話をかけた。「どうも違う部屋に案内されたようです」「いえいえ、そこでいいんです。どうぞごゆっくり」。

１８８０年に建設されたホテル・コンチネンタル・サイゴンは、ベトナムで最も古いホテル

ホテル・コンチネンタル・サイゴン

とされる。フランスのシラク元大統領ら世界のＶＩＰが宿泊し、アカデミー外国語映画賞を受賞したフランス映画『インドシナ』では、お金持ちが利用するステータスシンボルとして登場する。英国の作家グレアム・グリーンは２１４号室に住み、『おとなしいアメリカ人』（早川書房）の舞台となった――というようなことは、すべて後で知った。

我ながら頭からしっぽまで単純な人間だと思う。こんなホテルに泊まれるというだけで、翌日からの過密スケジュールのことなどすっかり忘れ、もう有頂天になってしまった。ベトナムってすごいなあ、いい国だなあ。

ただ、古いだけに防音はイマイチだ。お向かいのサイゴン・サイゴン・バーではにぎやかな音楽が鳴り響き、深夜までバイクの騒音と車のクラクションがやまない。私は連日、酔いと疲れで子守歌代わりだったが、寝つきが良くない人には耳栓をお勧めする。それとも一つ、運動不足解消にバドミントンやバレーボールがあってもいいかもしれない。たぶん、できる。

乗り間違い

ベトナム入りして一夜明け、ホテルの中庭にあるおしゃれなオープンカフェで朝食のフォーに舌鼓を打ちつつ、英字紙のサイゴン・タイムズに目を通す。1面トップの見出しは「ベトナムに過去最大の80億ドル支援・二国間で最大は日本の16億ドル」。さあ、きょうから取材開始だ。

こちらが「本物」のハイさん

ヒダカさんから8時半に電話がかかってきた。「車がホテルに着きました。ナンバーは○○○です」。待ってましたと外に出ると、満面の笑みを浮かべたドライバーが車のドアを開けて手招きしている。英語を少し話すので、さっそく「あれは何だ」「あっちは何だ」と質問責めにした。

1件目の取材を終え、2件目のホーチミン日本人学校に向かっているとき、携帯が鳴った。「今どこにいるんですか！　運転手がずっとホテルで待っているんですよ！」「はあ？　車にはちゃんと乗ってますよ」。

それからしばらくちぐはぐなやりとりを続け、やっと事態がのみ込めてきた。私はチャーターした車ではなく、普通のタクシーに乗り込んでしまったのだ。車のナンバー確認をしなかった私の完全なミスである。

結局、このタクシーには日本人学校で帰ってもらい、チャーターした車に乗り換えた。学校の生徒さんに通訳をお願いしてまで値切ったタクシー料金は25ドル。私のポカなので自腹で払った。日本と比べれば5分の1くらいだ、まず車を確認する、いい勉強をした。チッ。

ホームパーティー

出張2日目の夜、フーミーフン（ホーチミン市7区）にあるベトナム人の邸宅に招かれた。フーミーフンは「ベトナムのビバリーヒルズ」と言われる高級住宅街だ。

少し遅れて到着すると、2階まで吹き抜けのリビングでチェロ四重奏のコンサートが催されていた。テーブルには一流ホテルのコックを呼んでつくらせたベトナム料理のフルコース。おなかがはち切れそうになった後には、趣向を変えてベトナム民族楽器のコンサートという華やかなホームパーティーだった。

経済成長著しいとはいえ、まだまだ貧しい国。そんなステレオタイプなイメージが、音をたてて崩れていく。もちろん目の前の光景は、ベトナムでもごく限られた富裕層の暮らしだ。しかし、このセレブぶりもまた、まぎれもない現代ベトナムの一側面である。

民族楽器のコンサート

ダン・バウやトルンと呼ばれる民族楽器の、どこか懐かしい調べに聞き入っていると、隣にいた人からそっと耳打ちされた。「この辺の家、60坪で1億（円）ですよ。完全にバブルですね」。

うーむ。これもドイモイの産物なのか。でも招かれたお宅は昔からの有力者で、いわゆる成金などではない。それにしても、ベトナムが市場経済化を推し進める以上、このような「光」の部分と、取り残された「影」との明暗は一層際立つことになるだろう。その両面をしっかり見ていこう。

道端で勉強する少女

ホーチミンの繁華街、ドンコイ通りをほろ酔い気分で歩いていると、道端で勉強している少女を見かけた。小学校の3、4年生くらいだろうか。オートバイのクラクションや音楽、酔客の大声がこだまする中、1人で黙々と鉛筆を走らせている。

思うに、夜の仕事の母親についてきて、店の中はうるさいので（外も相当なものだが）、明る

はにかむ少女

い街灯の下で宿題でもやっているのだろう。「こんなところで勉強してるの、偉いね」。英語で話しかけてみると、恥ずかしそうにうつむいてしまった。

これだな、と感じ入った。「高い識字率」「勤勉」。日本企業がベトナム進出の理由に必ず挙げる理由の一つを、こんなところで垣間見た。

ベトナムの義務教育は小学校5年と中学校4年だ。高校3年と大学4年は日本と同じで、ハノイやホーチミンなどの大都市ではほとんどが高校を卒業する。大学進学率も急上昇していて、海外留学熱も高い。

「彼らは本当によく勉強します。会社が引けると語学などの学校に行き、ステップアップを狙っています」。こんな話は、取材した日系企業から数え切れないほど聞いた。

もっとも、苦い顔で逆のことを言う人もいた。「ベトナム人ワーカーはあまり向上心がないし、教育は本当に大変です。何しろ長靴を与えても、くつ下を履くことから教えなきゃいけないんですから」。

このときは、顔を赤らめて下を向くしかなかった。白状すると、私は東京のオフィスでサンダル履きにはだしで仕事をしているのである。

開高健に叱られる

ホーチミンのマジェスティック・ホテル。フランス植民地時代の1925年創業の老舗《しにせ》で、ベトナム戦争時代は多くのジャーナリストがここを拠点に活動し、最上階のブリーズ・スカイ・バーは各国特派員の情報交換の場だった。芥川賞作家の開高健が朝日新聞社の臨時特派員として宿泊した103号室は、特に日本人に人気が高い。

そう聞いては、記者の端くれとして行かないわけにはいかない。

ホテルに足を踏み入れるとコロニアル様式の豪華なロビー。そして煌《きら》びやかなシャンデリアの下でピアノの生演奏。ちょっと気後れしてエレベーターに乗り込むと、何と階数表示は英語と日本語だった。いかに日本人の利用が多いかが分かる。

5階でエレベーターを降りると、正面に4枚の写真が飾られていた。左から開高健、フランスのミッテラン元大統領、同じくフランスの女優カトリーヌ・ドヌーブ、日本の皇太子さま。皇太子さまは2009年に初めてベトナムを訪問し、このホテルで歓迎晩餐会が催された。

「ベトナムを肌で感じろ」

ブリーズ・スカイ・バーは意外にすいていた。既に日はとっぷりと暮れている。眼下に流れるサイゴン川ではクルーズ船の電飾がちかちかと川面に揺れ、トンドクタン通りを無数のバイクが行き交う。

バーボンをちびりちびりやりながら想像してみる。開高健は、沢田教一は、近藤紘一は、デービッド・ハルバースタムは、あの時代、世界のジャーナリストのひのき舞台だったこの国で、この場所で、どんな景色を見ていたのだろう。

ただの端くれに分かるはずもなく、酔いでふやけた頭で席を立った。4枚の写真を背にエレベーターを待っていると、不意に後ろから声が聞こえた。

「おい、お前。いったい何やってるんだ」

開高健だった。ここはハリー・ポッターの世界か？

「日本の会社の事務所ばかり回って、そんなの東京にいたってできるだろう。もっと街を歩け。ベトナム人と会い、ベトナムを自分の目で見て、ベトナムを肌で感じてみろ」

「でも開高先生、私には海外速報ベトナム便の売り込みという重大なミッションが……」

フォトフレームの中の大ジャーナリストはもう何も言わず、眼鏡の奥のギョロ目が静かに笑った。

博物館の前庭に展示されている米軍機

犯罪の証跡

「ベトナムを取材するなら何はなくともここだけは行って」と言われていた戦争証跡博物館を訪れた。ベトナム戦争に関する写真や遺品が陳列してあって、以前は戦争犯罪博物館と呼ばれていた。

博物館の周りには米軍が使用した戦車や戦闘機が所狭しと並べられている。数百万のベトナム人の命を奪ったとはいえ、きれいに塗装された兵器に当時のまがまがしさはなく、私を含めパチパチVサインもどきの写真を撮る観光客の無邪気さも、数十年の時の流れを感じさせる。

しかし、館内に一歩足を踏み入れた途端、体が固まった。まず、子どもが描いた、つながった人間の絵に衝撃を受けた。記者として反省しなければならないのだが、撮影は自由にできたのに、私が写真を撮れたのはそこまでだった。

原形をとどめない死体、ソンミ大虐殺、枯れ葉剤で体が折れ曲がった人々、奇形児のホルマリン漬け標本、タイガーケージ（虎のおり）で拷問される人々……写真撮影どころか、とても正視に耐えない展示が続く。

この博物館で、多少なりとも気持ちを上向かせてくれたのは、ベトナム戦争報道における日本人ジャーナリストの存在の大きさだった。沢田教一がピュリツァー賞を受賞した写真「安全への逃避」は依然として強力なメッセージを発しているし、現在でも活躍を続ける中村梧郎氏と石川文洋氏の作品の特設展示室もある。

これ以上、写真は撮れなかった

それにしても……ベトナムの病院では今日も、足がなかったり、指が2本だったり、眼球がなかったり、何の罪もないのにとんでもないハンディキャップを背負った赤ちゃんが産声を上げている。それなのに、アメリカ政府は枯れ葉剤と奇形の関係が証明されていないとしらを切り、一切の補償を拒んでいる。
一方で、1985年にアメリカのベトナム帰還兵が枯れ葉剤の生産に関わった製薬会社を相手に起こした訴訟では、会社側は1億8000万ドルもの和解金を支払って早々と裁判を終わらせ、事実関係をうやむやにしてしまった。いったいこんなことが許されていいのだろうか……。

バチン。

突然大きな音がして、館内の照明が消え、天井の扇風機が止まり、沸き立つ怒りの思考が遮断された。停電？

制服の警備員がつかつかと歩いてきた。「お昼は休館です。午後1時半から再開します」。昼休み？　観光地の博物館が？　そうだった、ここはまだ観光客へのサービスよりお上のやり方が優先される、社会主義の途上国なのだった。あまりに人々の表情が明るく、街の雰囲気もワイルドでエネルギッシュだったので、すっかり忘れていたけれど。

サイゴン・サイゴン・バー

ホーチミン最後の夜。飲ん兵衛の締めは、市内一番人気のナイトスポットと言われるカラベル・ホテルのサイゴン・サイゴン・バーに行った。マジェスティックのブリーズ・スカイ・バーは、ベトナム戦争のサイゴン陥落直前にロケット砲弾の直撃を受けたが、ここは陥落当日の夜も通常通り営業し、歴史の大旋回を最後まで見届けた「生き証人」だ。

土曜の夜ということもあり、店内はかなり混んでいた。ステージでは大音響のライブコンサートが開かれ、クリスマスの季節だったので、ミニスカートのサンタクロースの衣装をまとったウエートレスが行き来する。

三方が見渡せるバルコニー席に座り、宿泊しているお向かいのホテル・コンチネンタル・サイゴンをぼんやり眺めながら、私の頭は重く、混乱していた。戦争証跡博物館の衝撃があまりに大きかったのだ。

大盛況の店内

アメリカは、ベトナム戦争では国際的な批判を恐れて原爆は使えなかった。でも、原爆と枯れ葉剤の違いって何だろう。アメリカ政府は、原爆によって戦争が早く終わり、結果的に多くの人命を救ったと強弁する。枯れ葉剤も同じ言いぐさなのか？じゃあ、あの体の曲がりくねった人たちは何なんだ？　この小さな国に、第2次世界大戦を上回る量の爆弾を落とし、枯れ葉剤という非人道的兵器をまき散らし、しかも戦争に負けたあなたたちは、枯れ葉剤の被害者やその家族に、どう釈明するんだ？

しかし、あれだけ凄惨《せいさん》な蛮行を受けても、日本人のアメリカに対する好感度が高いように、ベトナム人もかつての敵国が好きなのだという。このコンサートのビートも、ミニスカサンタも、アメリカ文化そのものだ。

かつて枯れ葉剤が降り注いだこの街で、世界各国の老若男女が激しいリズムに合わせて身を揺らす。享楽的な目の前の光景は、博物館で見た地獄の証跡とギャップがあり過ぎる。恐らくそのギャップを埋める手掛かりの幾つかは、経済的な成長がもたらす恩恵であり、自由な文化が持つ大きな力であるのかもしれない。

北と南と新幹線

2週間の出張はあっという間に折り返し点を迎え、熱風の商都ホーチミンから首都ハノイへ飛んだ。空路ならたった2時間の距離なのに、二つの都市は「まるで異国」とよく言われる。1600キロ北へ移動し、夕方に到着して肌寒かったことを差し引いても、確かに空気の質が少し違う。

四季と常夏、たけだけしいホン川と悠久のメコン川、ベトナム戦争のしこり、経済的格差。北と南の差異に関しては、司馬遼太郎の名著『人間の集団について』（サンケイ新聞社）から個

ハノイ駅のホーム。電化はこれからだ

人の旅行ブログまで実に多層な解説が試みられているので、ここでそれをなぞる愚は避ける。

「ベトナム若葉マーク」の私が誤解を恐れずにハノイの印象を率直に書けば、「社会主義の国に来た」だろうか。ノイバイ空港でタクシーに乗るとすぐに田園風景が広がり、街中に入っても夜の明かりがホーチミンに比べるとずいぶん寂しい。１００万ドルならぬ１００万ドン（約５０００円）の夜景だそうだ。

制服警官が目立ち、共産党本部の写真を撮ったら警官がすっ飛んで来て制止されるなど、写真撮影では何度も注意された。サイゴン駅では列車の写真を撮りたいと言うと「どうぞご自由に」とホームに入れてくれたのに、ハノイ駅では切符を買わされた。

ハノイの悪口を書いているのではない。北の人は、おおらかな南に比べればまじめで実直で、ホアンキエムやタイなど大小の湖が点在する美しく落ち着いたたたずまいは、雑駁《ざっぱく》な南の街よりもどことなく安らぐ。どちらがいい、という問題ではなく「まるで異国」なのだ。

取材でも戸惑った。インタビューでハノイとホーチミンを結ぶ南北高速鉄道（ベトナム新幹線）計画について聞くと、答えが微妙に違う。乱暴を承知であえて違いを増幅すれば、北の人は「日越友好の象徴としてぜひ実現させたい」と意気込むのに対し、南の人は「この飛行機の時代に、無理無理無理」と鼻で笑う。

この国では南北どちらか一方の意見を聞いて、全体を理解したと思ってはいけない。記者として、そう肝に銘じた。

ハノイのビアホイ

効いた百薬の長

ハノイ入りしてすぐ、ストリンガーのナム・バン氏と落ち合った。ストリンガーとは、現地に特派員（コレスポンデント）がいない報道機関に、ニュースなどの情報を打電する地元の契約記者で、バン氏は東京に駐在経験がある優秀なジャーナリストだ。

私はおしゃれなスシバーに案内され、そこで初めてベトナム産の日本酒「越《えつ》の一《はじめ》」を知った。福岡県からベトナム中部のコメどころ、フエ市に進出したフエ・フーズ社が製造販売する純米吟醸酒で、ベトナムの日本レストランなら必ず置いてあるという。

水が命と言われる日本酒。ベトナムで取れたコメをフエの井戸水で仕込み、じっくりと醸造した「地酒」は、やはり土地の料理に合うのか口当たりがとてもまろやかな美酒だった。バン氏のベトナムを愛する心や日越友好にかける思いは熱く、私もバン氏の情熱にほだされて杯を重ね、出張して初めて記憶があやふやになるまで飲んだ。

実は、私はベトナム出発の直前、医者から禁酒令を出されていた。出張前の準備で張り切り過ぎてしまい、会社に12時間前後いて家に帰ってからもパソコンに向かうという生活を2週間続けたら、夜に動悸《どうき》が治まらず眠れなくなった。体もきつかったが、あれもこれもと考えているうちに目の前にハードルがどんどん現れてにょきにょきと高くなり、自分で自分を追い込んでいた。

出発の前日になって、念のため病院に行った。「典型的なストレスですね。ドキドキを治める薬、精神安定剤を出します」「はい」「これ飲んだらお酒は駄目ですから」「はい?」「お酒飲んだらもっとドキドキしますから」。

私は飲ん兵衛で、記者なのに人見知りする方である。出張中の夜の会食は初対面の人ばかりで、期待のベトナム料理を前にアルコールなしは拷問に近い。

で、飲むことにした。仕事はできないものはできないと割り切り、睡眠時間もできるだけ確保して、量は控えたものの毎日飲んだ。サイゴンビールもハノイビールも越の一もうまかった。処方された薬は、アルコールが抜けた日中に飲むか、動悸が気にならなければ飲まなかった。そして、帰国するころには、へとへとに疲れてはいたものの、ドキドキはほとんど治まっていた。

やはり、百薬の長である。特にベトナム産は効いたようだ。

送り火

ご先祖様は大富豪!?

夜のハノイをそぞろ歩いていると、家族とおぼしき数人が道端でたき火を囲んでいた。ナム・バン氏によると「送り火」だという。「ベトナムで送り火?」と驚いたが、考えてみれば不思議でも何でもない。外務省のデータによれば、ベトナム国民の8割が仏教徒で、それも日本と同じ大乗仏教である。

ベトナムに来ると、切ないような懐かしさを感じる。しみじみとそんな話をする駐在員もいたし、宗教も含めた文化の類似性は、日本企業がベトナム進出を決断する大きな理由の一つになっている。私自身、親兄弟と送り火を焚《た》いた記憶は遠く少年時代にまでさかのぼり、まさか外国に出張してあの頃を追想するとは思ってもいなかった。

ただ、ベトナムの「送り火」は日本と少し違う。まず、旧暦7月15日のお盆以外にも、葬式や故人の命日、社寺のお祭り、テト（旧正月）にも火を焚く。日本語に適切な言葉が見つからないので「送り火」と書いたが、送り火と迎え火の区別はない。

そして、故人が黄泉《よみ》の国で困らないように、紙でできたお札や金銀、馬などを燃やす。最近では冥器もレベルアップし、携帯電話やテレビ、パソコン、エアコン、高級スクーター、果てはメイド付きマンションまであるという。故人のために借金してまで「高級品」を求め、惜しげもなく燃やす人もいるとか。

目の前でも、50万ドン札（約2500円）や100米ドル札が気前よく燃え盛っている。少年から「燃やしてみろ」と札束を渡された。見ると、100ドル札はベンジャミン・フランクリンの肖像まで本物に似せてあるが、50万ドン札の肖像は国父ホー・チ・ミンではなかった。さすがにホーおじさんは燃やせない。

肖像は閻魔《えんま》大王という。日本では舌を引っこ抜く地獄の主のイメージが強いが、ベトナムでは冥界の王であり、冥王星のことを「閻魔の星」と言うそうだ。

故人は少年の祖父らしい。もしかしたらベトナム戦争で戦った勇猛な兵士だったのかもしれない。仇敵《きゅうてき》だったアメリカの紙幣が、祖国でこれほどありがたがられているのを故人が知らないのではないかと思い、私はドルではなく閻魔様を少し燃やした。

ポケットを押さえるレーニン

世界で初めて社会主義革命を成功させたウラジーミル・レーニン。ロシア各地や東欧諸国に建立された偉大な革命家の銅像は、ソ連崩壊後ほとんどが市民によって引き倒された。しかし、ハノイのレーニン公園では、ベトナムが市場経済化を急ぐ今でも凛としてそびえ立っている。

引き倒される心配はないが……

ベトナム戦争当時、北ベトナム軍や南ベトナム解放民族戦線は、ソ連から多大な軍事援助を受けた。アメリカに勝利して社会主義国家を打ち立てた後も、さまざまな角度から支援が続き、エリートの多くはモスクワに留学した。当然のことながら、ベトナムの指導者は親ロシア派が多い。

1991年にソ連が崩壊して経済的な援助が滞るよう

になり、2002年にはロシア駐留軍が軍事の要衝であるカムラン湾から撤退し、両国の太いきずなは先細るばかりのように見えた時期もあった。しかし、このところロシアのベトナムにおける存在感が日増しに大きくなり、ベトナム初の原子力発電所の建設を受注した（原発はその後、日本も受注に成功したが、東日本大震災の福島原発事故などを理由に白紙撤回された）。

発電所、高速道路、鉄道、港湾、空港とインフラ需要が旺盛なベトナムはビジネスチャンスの宝庫だ。インフラ輸出を成長戦略の柱に掲げる日本も、大型案件の受注でロシアなど各国としのぎを削っている。

改めてレーニン像を見上げると、ここハノイでは引き倒される心配もないのに、何となく警戒感がにじみ出ている。こんな小話《アネクドート》を一つ。

「なぜハノイのレーニン像は、お決まりの未来を指さすポーズじゃないの？」

「スリが多いからポケットを押さえてるのさ」

あるいは、ロシアがこの国で獲得した契約を、逃がさないように押さえているのかもしれない。

ビルド・アンド・ビルド

ベトナムに出張して驚いたことはたくさんあるが、電線を見たときもびっくりした。1本の電柱に、数十本の電線が縦横無尽につながっていて、切れた電線が道路に垂れ下がっていることもある。電気が通っていれば極めて危険だ。ある取材先では「きょうも2回停電があった」と事も無げだったが、さもありなんである。

垂れ下がる電線

ベトナムの電力需要は右肩上がりで、日本の政府や企業は長らく電源開発を支援している。政府開発援助（ODA）の第1号は第2次世界大戦の戦後賠償で行ったダニム水力発電所の建設だった。

もっとも、数十本のケーブルは電線だけではない。電話、インターネット、ケーブルテレビ、光通信。さまざまな回線が必要に応じて追加敷設され、電信柱にしがみ付いている。スクラップする間もなく次々とビルドされるのだ。束になったケーブルは、跳ね馬のようなベトナム経済の象徴と言える。

それにしても……停電が起きたらどう復旧するのか。どのケーブルがどこにつながっているのか、すぐに分かるのだろうか。

そういえば、この国にはもっと長くて入り組んだ回路があった。ホーチミン・ルートである。総延長で2万キロにも及ぶとされる難路を、ラオス、カンボジア領内にまで入り込んで張り巡らせ、米軍の爆撃で何度破壊されても、すぐに補修できる態勢を整えていたという。市内の停電の復旧など、朝飯（朝フォー）前なのかもしれない。

第3の通貨

ベトナムにはゴールドショップが多い。ショーケースの中できらびやかな光を放つ指輪やネックレスに、値札は付いていない。その代わり、金の純度別に売値と買値を書いたボードが壁に掛かっている。この相場は日々変動し、カレンシーショップのTTS／TTBと同じ。「これきれいだね」と興味を示すと、店員が取り出して目の前に置き、電卓を叩いてこちらに数字を示す。それから値段の交渉を始めるのがベトナム式だ。

ベトナムには3種類の通貨があると言われる。ドン、ドル、そして金。住宅など金額の大きい取引では、ドンで価格を表示するとケタがあまりに大きいので（1ドルは約2万ドン）、金の重量で表示されることも多い。モノの価値を示し、支払いができ、貯蔵手段になるという通貨の役割を、金が当たり前のように果たしている。

政府は、大手銀行と外国企業の金取引を認めるなど規制緩和を進めてきた。ベトナムでは過去の戦乱や激しいインフレの経験から、安全な資産として金のニーズが高い。だから投機資金が流入して「第3の通貨」である金相場が高騰し、金融政策のかじ取りが難しくなってきた。

このため、政府は2010年に、国内約20カ所の金取引所の閉鎖を命じた。突然の決定に関係者は驚き、ふだんはおとなしいベトナムのメディアも珍しく「自由化の流れに逆行するのではないか」と批判した。3種類の「通貨」が流通している市場のマネーコントロールは至難の業だ（スーパーでお釣りの代わりにくれる飴玉という「第4の通貨」もあるが、金融政策に影響を与えるほどではない）。

ただ、街中の宝飾金売買はいつも通り続けられている。私はとあるゴールドショップで、ネックレスだブレスレットだと店員との掛け合いを楽しみながら、結局、小ぶりのピアスを山のカミの土産に求めた。価格交渉の末に落ち着いた値段は、カミががっかりするといけないので秘密です。

貴金属店が立ち並ぶハノイのハンバック通り

玉山祠の正門

漢字とクオックグー

初めてのベトナム出張も終わりに近づき、ハノイ市内を散策してみた。

15世紀初頭に明軍に打ち勝ち、ベトナムを中国支配から解放した英雄レ・ロイ（黎利）の銅像を表敬した後、ホアンキエム湖周辺をゆっくり歩く。レ・ロイはこの湖にすむ大亀から宝剣を授かり、明軍を放逐したという。

それからは、中国に足を踏み入れたような錯覚に陥った。ホアンキエム湖の中ほどに建つ玉山祠《ぎょくざんじ》の正門には「福」「禄」と大書され、「棲旭橋《せいきょくばし》」を渡って本殿の「得月楼《とくげつろう》」を参拝する。目に入る文字はすべて漢字だ。

次に訪れた文廟《ぶんびょう》（孔子廟）では、15世紀から約300年間の科挙試験に合格した1300人以上の官吏の名前が、石碑にすべて漢字で刻まれていた。中国を追い払った後も、官僚採用制度はそのまま残ったのだ。

ベトナム語の7割以上は漢字が起源と言われる。通貨のドンは「銅」から、国会は「クオッ

ベトナムで最初の大学が開設された文廟

クホイ」、注意は「チューイー」と発音する。もしかつての宗主国フランスがローマ字表記のクオックグーを強制しなければ、ベトナム人と漢字で筆談できたかもしれない。

　もっとも、クオックグーのおかげでローマ字のキーボードを叩くことが容易になり、ベトナムがIT革命に乗り遅れずに済んだという講釈もある。中国の影響を削ぎ落とすために漢字の使用を禁じたフランスも、回りまわって旧植民地のIT化を助けることになろうとは思いもしなかっただろう。

　文廟では私の3人の子どもたちに、石でできた小さなお守りを買った。お守りにはそれぞれ漢字が刻まれていて、私は「学」「成達」「明」の三つを選んだ。どうかしっかり学んで何かを成し遂げ、君たちに明るい未来が開けますように。

第2章

南北鉄道縦断の旅

ハノイ駅

ダナン駅

サイゴン駅

楽しみだなん

薄曇りのハノイ・ノイバイ空港の気温は30度だった。夏のベトナムは40度を超えることも珍しくないと脅かされていたので、ちょっと拍子抜けする。それでも、じっとりと体を包む湿気がすごい。新緑のさわやかな日本に順応していた肌がびっくりして、南国出張のために新調した夏物のジャケットに汗をにじませる。

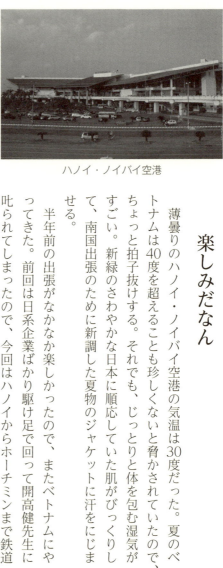

半年前の出張がなかなか楽しかったので、またベトナムにやってきた。前回は日系企業ばかり駆け足で回って開高健先生に叱られてしまったので、今回はハノイからホーチミンまで鉄道で縦断することにした。

ハノイ・ノイバイ空港

それじゃまるで遊びじゃないか。会社にそう言われて出張がおじゃんになっては元も子もないので、日本でも注目されていた新幹線計画の取材だの、飛行機代とホテル代を浮かすだの、草の根レベルでベトナム人と触れ合うだの、中部に行かずしてベトナムを見たことにはならないだのと、いろいろ理論武装した。でも、本当はただベトナムで鉄道旅行をしてみたかっただけだ。

心強いことに、今回は香港支局で海外速報のサービス全般を担当するK特派員と2人旅となった。空港で落ち合ったK君はサングラスにくわえたばこで、見てくれこそ国籍不明のマフィアみたいだが、今回が10回目のベトナム出張というつわものだ。ベトナムの知識は私などよりはるかに広く深く、今回はダナンに行くというので、のっけから「ダナンだなんて楽しみだなん」とディープなオヤジギャグを聞かされた。

何となく先が思いやられるが、その漠然とした不安はすぐに現実となる。

バケツのワインクーラー

ホテルに着いてすぐ、ストリンガーのナム・バン氏と再会した。バン氏は日本駐在経験もある優秀なジャーナリストで、私たちを行きつけの日本食レストランに案内してくれた。これから取材の打ち合わせを名目にした飲み会だ。

ベトナムの和食店に行ってまず驚かされるのは、そのメニューの豊富さ。「あれも食べたいこれも食べたい」というお客の要望を聞いているうち、どんどん品数が増えてしまうとか。このメニューも、お品書きと言うよりは日本料理の百科事典みたいだ。

「ベトナムにこんなものまであるの？」と目を丸くして注文した馬刺しやシャコをつつきながら、久しぶりに「越《えつ》の一《はじめ》」でのどを潤す。暑いのでバケツに氷という豪快なワインクーラーに一升瓶を突っ込み、ぐいぐいグラスを空ける。3人とも飲み助なのでピッチは速く、あいさつに見えた店長のK氏（K君と同名だった）まで引きずり込んで、次第に大宴会の様相を呈してきた。

ベトナムの「地酒」越の一

苦労して店を繁盛させたK氏のベトナムよもやま話はとても面白く、政治絡みの逸話などはまるで老練な外交官の講話を聞いているようだった。しかし惜しいかな、ここに話の中身を書こうとしても、ほとんど覚えていない。あの日は3人（プラス店長のK氏）でほとんど2升を空けたので、K君の記憶も似たり寄ったりだった。

なぜかはっきり覚えているのは、最後に4人で「焼きそばＵＦＯ」を食べたことだ。意外にも現地駐在員に好評な、知る人ぞ知る「裏メニュー」の特別サービスらしい。それにしても、出張初日の記憶の残滓《ざんし》がカップめんとは情けない。

衝撃の朝

翌朝、私は深酒で赤く充血した目を白黒させて青くなった。これで黄色い叫び声を上げれば5原色だなんて、言葉遊びなどしている場合ではない。財布がないのだ。

それこそ色を失ってポケットをひっくり返すと、裸のクレジットカードが1枚と、くしゃくしゃになったレストランのレシートが出てきた。財布をすられた？　いや、レストランで支払いをした後、人混みには行っていないし、財布をすられるようなコンタクトはなかった。

記憶を呼び起こそうと当日の写真を見ると、レストランの大宴会から帰りのタクシーの中まで、ナム・バン氏とK君が、私はシャッターを押しまくっていた。ナム・バン氏とK君が、肩を組んで大笑いしているのが何だかしゃくしゃくである。

帰り際に握手するナム・バン氏（右）とK君
財布はタクシーの中か……

日本ならまずタクシー会社に電話するところだが、バン氏が「絶対無駄（見つけた人のもの）」と断言するのであきらめた。わらにもすがる思いでレストランに電話すると、店長のK氏は「ないようです」と非情の宣告。気の毒そうだったが、私には冷徹な有罪判決に聞こえた。

キャッシュカードも免許証も保険証も全部なくした。酒に飲まれた失敗は数え切れないが、何もこんな所でそのリストを増やさなくても。ああ、天地神明に誓って、もう深酒はやめよう。そんな悲壮な決意も、神様の「またかよ。はいはい」と聞き流す声が聞こえる。

せめてもの救いは、命綱とも言えるクレジットカードが1枚残っていたことと、いくばくかのキャッシュはホテルの金庫に入れておいたことだ。

2度目のベトナム出張は、はなはだ心細く始まった。

本物のフォー

本物のフォー

ナム・バン氏が「本物のフォー」を食べさせてくれるという。前夜の酒盛りで相棒のK君と「どこぞのホテルのフォーがうまい」と素人談議をしていたら、「あんなものはフォーではない！」と一刀両断。早朝から地元の人でにぎわうフォー屋さんに案内してくれることになった。

財布を無くして打ちひしがれた二日酔いの心と体に活を入れ、眠い目をこすりながら連れていかれた店は、まさにローカル。道端にプラスチックのテーブルと風呂いすという、お決まりの「ベトナム・スタイル」で、いちげんの出張者が足を踏み入れるにはちょっとためらう店構えだ。

　そこはフォー・ボー（牛肉）の専門店で、本当に本物だった。牛肉はホテルの3倍は入っているし、めんの腰は強く、スープのこくは深い。夢中になってかき込んでいると、そこに血まみれの牛が突進してきた。そう見えたのは私のアルコールが抜けていなかったからで、よく見るとバイクに乗せた牛の頭《ず》蓋《が》骨《い》とあばら骨だった。これでダイナミックにだしを取るのだからうまいはずである。

これでだしを取る

　値段は1杯1万7000ドン（約85円）。懐に不具合が生じてしまった私は、ハノイ滞在中は3食これで過ごそうかと本気で考えたくらいだが、それでもバン氏が東京から帰国した2007年は8000ドンだったそうで、かなりのインフレである。こういうことを書くとベトナム統計総局に怒られるかもしれないが、街角のフォーの値段は、毎月発表される消費者物価指数よりも、あるいは重要な経済指標かもしれない。

こんがらがった世界

ハノイの中心部にあるホアンキエム湖のほとりに水上人形劇を見に行った。前回の出張では観光まで頭が回らず、水上人形劇とホー・チ・ミン廟という「ハノイの2大観光スポット」をはしょってしまい、ベトナム出張経験がある会社の後輩から帰国後に「あなたいったい何しに行ってきたんですか」と真顔であきれられたので、今回は最優先でスケジュールに組み込んだ。

水上人形劇の起源については、1000年ほど前にベトナム北部の紅河デルタ地帯で、農民の遊びが発展して村祭りで披露されるようになったとする説と、9世紀の中国・宋代から伝えられたとする説などがある。演目は、水牛に乗った笛吹き少年（ベトナム風）から鳳凰《ほうおう》の舞（中国風）まで実にバラエティーに富んでおり、恐らく両方がミックスして発展したのだろう。

この水上人形劇が一気に「国家芸能」の域にまで進化したのは、ホー・チ・ミンがボヘミア（現在のチェコ）で鑑賞した人形劇に感動し、「子どもたちのために」と1956年にベトナム国家人形劇場を創立してからという。劇場ではベトナム戦争中も休むことなく上演が続けられたそうだ。文化を愛し育む国家の指導者。偉人はどこまでも偉人である。

水上人形劇と言えばハノイが本場だが、ホーチミン市の歴史博物館やハロン湾のロイヤル公園内でも鑑賞できる。私はハノイ市人民委員会がホアンキエム湖畔に設立したタンロン水上人形劇場で観劇した。相棒のK君は「もう見た」とホテルで仕事をするという。貧乏性はどこまでも貧乏性である。

料金は日本語のガイドブックと人形劇の音楽CDが付いて7ドル。私は横着してツアー会社にチケットをお願いしたが、自分で窓口に並べば6万ドン（約300円）。日本ならゼロがもう一つ増えてもおかしくない値段だ。館内は満員で、ほとんどが外国人観光客のようだった。ラッキーなことに私の席は最前列で、その列は私以外全員白人だった。席の良し悪しはツアー会社の力の見せ所らしい。

水上人形劇の1コマ

愛くるしくてカラフルな人形たちの舞は、滑稽で、スピーディーで、寓意に富み、多くの人形をどう動かしているのか考えるだけで頭がこんがらがって、なかなか見応えがあった。村対抗のボートレースの演目では、「（どの村も速くて）勝った村はなし！」というオチを聞いて感心した。審判のラッパおじさんは、運動会の徒競争で順位付けを禁じた先生顔負けの平等主義者だ。良し悪しはともかく。

ガイドブックによると、舞台回しのテウおじさんは「この社会はいろんな問題がこんがらがっているなあ。今から問題を解決しに行きましょう」とにこにこ顔で演目を紹介する。テウおじさんが今日の、もっとこんがらがったベトナムを見たら何と言うだろう。

オオカミの空涙

水上人形劇を見た後、相棒のK君と落ち合って揚げ春巻きをサカナにハノイビールを飲んだ。ほろ酔い気分になった私たちはちゃめっ気を出し、ホテルまでシクロに乗ることにした。むろん平穏な道中になるとは思っていない。「何かトラブルが起きればネタになる」という目論見である。

シクロの評判はすこぶる悪い。法外な料金、遠回り、ゆすり……もちろん良心的なドライバーもいるのだろうが、観光ガイドブックはどれも「できれば利用は避けたい。乗るならホテル指定のシクロを」とアドバイスしている。ハノイ有数の観光地であるホアンキエム湖畔で客引きするシクロなど、腹をすかせたオオカミと思って間違いないだろう。

で、にこにこ顔のオオカミと料金交渉した。「ニッコーホテルまではいくら?」「1人5ドル」「2人で10ドル? タクシーだって5ドルもしないよ。3ドルだ」「じゃあ8万ドン」「8万ドン? だいたい4ドルだね。まいっか」。なぜオオカミが急にドルからドンに言い方を変えたのか、深く考えずに座席に乗り込んだ。

ホテルまで2キロほどの三輪車の旅は、至極快適だった。ベトナムのシクロは乗客が前に乗るので、湖上を渡るそよ風を全身で受け、汗ばむ肌に心地いい。日本の観光地でもベロタクシーなるドイツ製の輪タクが走っているが、座席はドライバーの後ろでボディーがすっぽり覆われているため、この爽快感は味わえまい。ハノイ市内は相変わらずバイクと車の渋滞が激しいが、シクロならちょうどいいスピードだ。

後ろを見ると、オオカミが「重い重い」と舌を出してあえいでいる。遠回りをするでもなく、汗を流して一生懸命ペダルをこいでいる。もしかすると数少ない良心的なドライバーに当たったのかもしれない。このまま無事にホテルに着いたらチップを弾もう。

シクロからの眺め。バイクには渋滞でもシクロなら快適だ

ケタが違う!

シクロの「異変」はホテルまでもう一息という地点で起きた。ドライバーが「ここで降りてくれ」という。「なんで?すぐそこじゃないか」「いいから降りてくれ」「なんで?」。理由を聞いてもごにょごにょ言うだけで要領を得ない。ま

こちらはホテルお抱えの安全なシクロ
（AFP＝時事）

あいいか、ホテルはすぐそこだし。料金は1人8万ドン（約400円）だけど、チップを弾んで10万ドン払ってやるか。

しかし、オオカミはついにヒツジの衣を脱いだ。「釣りはいらないよ」と10万ドン札を渡すと、「ノーノーノー」と指を立てて首を振る。「80万ドン（約4000円）って約束したじゃないか」。

「80万ドン!?」私とK君はのけぞった。「ふざけるな!」。

K君が一緒で本当に良かった。1人だったらこんなたんかは絶対に切れない。私は英語と日本語をごちゃまぜにして、料金交渉で8万ドンに落ち着いた経緯をまくしたてた。すると、オオカミは思わぬ反応を見せた。

「うえーん」

何と、泣き始めたのだ。これには腹の力が抜けた。もっとも、子どもが顔を覆った指のすき間から親の顔をのぞき見るようなウソ泣きのようだったが。

この段になって、状況がのみ込めてきた。料金交渉のとき、オオカミが急にドルからドンに言い方を変えたのは、酔客2人を幻惑させる手だったのだ。慣れない旅行者にとって、ドンはケタが大きく、即座にレート計算するのはなかなか難しい。ホテルの手前で降ろされたのも、ホテルの面前で（必然的に発生する）乗客とのトラブルを衆目にさらすのは営業上好ましくないから。あるいはもうホテルのブラックリストに載っているのかもしれない。

しかし、泣かれたからといって、80万ドンも払うわけにはいかない。10万ドンはとっくにオオカミのポケットの中だ。それさえ払い過ぎだと思ったが、私とK君はオオカミにくるりと背を向け、ホテルに向かってすたすた歩いた。腹立たしくもあったが、見事に期待通りネタをくれたことに感謝しながら。

かなえられなかった遺言

土曜日にはホー・チ・ミン廟を訪れた。まだ朝の7時すぎだというのに（開場は7時半）すごい人で、長い長い人の列が廟の周りをぐるりと取り囲んでいる。

国父に拝謁する聖地なので、半ズボンやタンクトップ、サングラスなどくだけた格好はご法度だ。入場は無料なのに、うっかりそんな服装で来た観光客のために貸し服まで用意されている。警備も厳しく、空港の搭乗口のようなセキュリティーチェックを受け、持ち込み禁止のカメラを預ける。

国父ホー・チ・ミン
（AFP＝時事）

「ホーおじさん」と親しみを込めて呼ばれる建国の父は、自らが創立したベトナム共産党によって神格化されている。神様だから冒瀆《ぼうとく》は許されず、参拝の列を乱すだけで衛兵から注意される。私の目の前の子ども2人がふざけて笑い声を上げると、衛兵が「静かに」とにらみ、母親が2人の頭をぺしゃりと叩いた。その様子がおかしくて、メモを取ろうとポケットに手を入れると、私は衛兵から「姿勢を正せ」と叱られ、姿勢を正してメモを取るともっと叱られた。

共産党は1991年の党大会で「ホー・チ・ミン思想」を党の指針として採択した。ベルリンの壁崩壊、ソ連解体という激動の時代にあって、マルクス・レーニン主義では対応しきれなくなったのだ。しかし、「ホー・チ・ミン思想とは何か」と調べてみても、どうもはっきりしない。早稲田大学の坪井善明教授著『ヴェトナム新時代』（岩波新書）によれば、その定義は40以上あるという。

要するに、共産党にとっては政策遂行の「錦の御旗」であり、状況によってその解釈を微調整するのだろう。だからホー・チ・ミン批判は許されないし、拝謁の際にメモを取るような不《ふ》逞《てい》のやからも許されない。

ホー・チ・ミン廟をバックに
記念撮影する団体観光客

しかし、叱られたから言うのではないが、個人崇拝を強要したり、その個人に対する批判を許さないのは、基本的に足腰の弱い国だと思う。どこかに無理があるから強制が必要になるのだし、無理があればその制度はいずれ破綻する。戦争に突き進んだ日本がいい例だ。

当のホー・チ・ミンにしても、自らが個人崇拝の対象になることを嫌い、死後は北部、中部、南部に分けて散骨するよう遺書を残していた。しかし、遺書のその部分は死後20年間も公開されず、遺骸は旧ソ連の最新技術で永久保存され、ベトナムのイコンになった。今でも毎年2カ月ほどロシアにお化粧直しのために出張するとかで、なかなか忙しい。

偉大過ぎるが故に、死後の望みがかなえられなかったホー・チ・ミン。目の前で静かに横たわる不世出の英雄は、来る日も来る日も衆目にさらされ、心なしか迷惑そうに見えなくもない。

バッチャン村

ホー・チ・ミン廟からベトナムを代表する陶器の里、バッチャン村に向かった。タクシーでホン河沿いを南東に下ると、ほどなく道路の舗装が途切れ、車2台がやっとすれ違えるほどの狭い道になる。所々に水たまりができ、バイクがタイヤを取られて転倒するような悪路をしばらく走ると、どこかレトロな集落が姿を現した。

懐かしい。あの街並みとそっくりだ――。

陶器屋さんが延々と続く

道端に所狭しと陳列された大きなつぼ、茶わん、皿、置物、アクセサリー。色鮮やかな焼き物また焼き物のパノラマがどこまでも続く。村人のほとんどが陶器産業に従事しているというバッチャン村の風景は、いつの間にか私の意識の中で、20年以上前に勤務した佐賀県の有田の景観とオーバーラップしていた。

正確に書けば、有田（そして隣接する伊万里、唐津と続く日本有数の陶器産地）に比べると規模はかなり小さい。しかし、せわしない大都会ハノイとは別世界のひなびた雰囲気に、若く楽しかった佐賀時代の記憶が呼び起こされ、私はこの村に惹き込まれていった。

バッチャン焼は安南焼と呼ばれ、16世紀には日本にも輸出され、茶人の評価も高かった。昔ながらの窯で泥炭を燃料に時間をかけて焼きあげられた茶器は、土くさくて飾り気がなく、いかにも玄人が好みそうな味があったという。

ただ、現在は最新式のガス窯が主流で、店先の商品もカラフルで斬新なデザインの花瓶やアクセサリーが目を引く。見よう見まねでつくったのか、まつ毛ぱっちりのピカチューはさすがに気持ち悪かったが、マンチェスター・ユナイテッド、バルセロナなど欧州の人気サッカーチームのマグカップはなかなかの出来栄えだった。

カードゲームに興じるばっちゃんたち

一つ3万ドン（約150円）という値段からして、チームとのライセンスなどハナから無視していることは明らかだが、サッカー好きの息子の土産に思わず買ってしまいました。

村内をぶらつくと、ある工房では子どもたちがろくろを回し、ある店先ではカップルが絵付けを楽しむ。これも有田と一緒だ。客引きがうるさくないのも観光客にとってありがたい。バッチャン村で店番をしているばっちゃんたちが、お客そっちのけでベトナム風カードゲームに興じているので、じっくり品定めできる。

店の奥では猫が昼寝している。忘れ去られてほこりをかぶった置物のように、まったく動かない。陶器の里を流れる時間は、とてもゆるやかだ。

ドイモイ号

いよいよ今回の出張のハイライトである鉄道の旅が始まる。相棒のK君と私はそわそわして、出発時刻（午後7時）の1時間も前にハノイ駅に足を運んだ。

タクシーやバイクでごった返す駅前の喧騒をすり抜けて構内に入ると、数人がチケットを求めて切符売り場に並び、待合室では家族連れや白人の団体客が、大きなバックパックやスーツケースを抱えて列車の到着を待っている。

ハノイとホーチミンを結ぶ路線は１９３６年に完成し、当時は「南北縦貫鉄道」と呼ばれた。全長１７２６キロにも及ぶこの動脈は戦争で何度も破壊され、全線が復旧したのはベトナム戦争終結翌年の１９７６年。その際、深い思いを込めて「南北統一鉄道」に呼称が変えられた。今では北の首都と南の商都を33時間で結ぶ。

われわれが乗り込むのは「ＳＥ1車両」。切符の手配はK君にお任せだったので後で知ったのだが、「ＳＥ」はソフトシートやソフトベッド、エアコン完備の上級客室で、「ＴＮ」は公園のベンチのような木製のハードシートだ。鉄道旅行記にトライする記者としては軟弱のそしり

発車間近のドイモイ号

を免れまいが、腰痛持ち（椎間板ヘルニア）の身としては素直にK君に感謝したい。

駅構内をあちこち写真撮影していると、列車到着のアナウンスがあり、改札口をくぐってホームを端から端まで歩いてみた。売店でジュースや食料を買い込む人々、のんびりと雑談を交わす駅員、そんな日常の光景の中で、木の枠で梱包された真新しいバイクが数台、静かに乗車を待っていたのはこの国ならではだろう。

先頭の車両には、青字に黄色で大きく「ＤＯＩ　ＭＯＩ」のエンブレム。これでピコンとテンションが上がった。「南北統一鉄道のドイモイ号」。その言葉の響きだけで、一昔もふた昔も前のベトナムにタイムスリップしたような感覚に襲われ、書物や映像でしか知らない当時のベトナムに思いをはせた。そして、かなり年季が入ってくたびれてはいるものの、暮れなずむハノイ駅のホームで待機するドイモイ号の雄姿に、私はしばらく見とれていた。

快適なコンパートメント

ドイモイ号は寝台特急で、２段ベッドが二つの４人部屋、３段ベッドが二つの６人部屋、リクライニングシート車両の３種類がある。相棒のＫ君は奮発して４人部屋の切符を入手してくれた。奮発といっても、ハノイから中部のダナンまで59万ドン（約３０００円）で、飛行機（１万５０００円程度）に比べればかなり安い。

「シラミにたかられた」「冷房でめちゃくちゃ寒い」「車内食は食べてはいけない」「車内販売のミネラルウオーターも危ない」。南北統一鉄道の旅行経験者から、いろいろなアドバイスというか脅しを頂いた。無菌室育ちの日本人の思い過ごしだと笑い飛ばせない。ナム・バン氏が大まじめに忠告するのである。

４人部屋のコンパートメント

しかし、実際に４人部屋のコンパートメントに入ってみると、中は意外に清潔だった。真っ白いシーツにブルーの枕、赤茶色の毛布。伸長式のテーブルや２２０ボルトの電源もあり、パソコンのバッテリー残量を気にせずに仕事ができる。下段のベッドは景色が良く、昼間は普通の座席として利用できるため、料金は上段より若干高い。ただし、上り下りする上段の人から踏ん付けられるリスクもある。

同乗者は陽気なおじいさんと中年男性だった。おじいさんは液晶モニターにヒビが入った日本製のデジカメを持っていて、「日本人なら直してくれ」とばかりに押し付けてくるのには困った。英語が通じないので自己紹介もままならず、パスポートまで見せてくれたおじいさんは1950年生まれの60歳と、外見よりもかなり若い。驚いたことに『北京－天津』の切符も持っていた。筋金入りの鉄っちゃんなのかもしれない。

中年男性にもハノイ駅で買い込んだビールを勧めてみたが、残念ながらこちらは無視された。この男性は車中でひたすら寝ていた。うるさい外国人旅行者と同室になって気の毒だったと思う。

午後7時、出発進行。

グロロロロ……低くうなるエンジン音と細かい振動、ディーゼル燃料独特の排気ガスのにおい。手を伸ばせば軒先に届きそうな狭い線路を、家並みをかいくぐるようにしてドイモイ号がゆっくり進む。

しばらく走ると視界が開け、ネオンの明かりがまばらになり、列車がスピードを上げる。夜なのでかなり速く感じるが、最高速度は平地でも80キロだ。土曜の夜に仕事をする気にもならず、相棒のK君と食堂車に行ってみることにした。なかなかワイルドな揺れによろめきながら、10号車両からはるばるたどり着いたその先頭車両は、まさにワンダーランドだった。

乗務員の酒盛り

食堂車に足を踏み入れると、大音量でベトナムの流行歌（たぶん）が流れている。天井と窓には中国風の真っ赤なちょうちんが揺れ、年季の入った分厚い木製のテーブルが七つと、立ち飲みのバーカウンターがある。正面には場末の飲み屋のようなネオンの看板が掲げられ、「コーヒー・ビール・喫茶」の文字がぴかぴか点滅するはでやかさ。

カウンターの奥には（大変失礼ながら）これまた場末の飲み屋のママのようなウエートレスがどっしり構えている。昔の新幹線の食堂車を思い描いていた私のイメージは、嬉しいことに木っ端みじんに打ち砕かれ、この場所がいっぺんで気に入った。

まず口をあんぐり開けたのは、乗務員が制服のまま堂々と酒盛りをしていたことだ。南北統一鉄道はベトナム国営鉄道（VNR）が運営しており、彼らはれっきとした公務員だ。その公僕がビールをあおった後、「ちょっくら車内販売にでも行ってくっか」という感じでワゴンを引っ張り出す。

こういうことを書いてしまっていいものか不安だが、彼らは特に警戒するでもなく、むしろVサインで写真に収まってくれた。K君と私は、飛行機代を浮かせようとしたバックパッカーのような風体だったから、まさか記者とは思わなかったのだろう。

ひょっとすると、乗務員の飲酒は天下御免なのかもしれない。そう思ってナム・バン氏に聞いたところ、即座に「勤務中の飲酒は厳禁」との答え。「飲む乗務員は少ないはず。警告のために書くべきだ」というバン氏のアドバイスに従い、ここに書いてしまいます。

飲み屋のママ（失礼）とイケメンウエーター

個人的には、彼らの行為を非難する気にはなれない。むしろ、自由でおおらかなベトナムという国がうらやましいくらいだ。威張れた話ではないが、私もランチビールが大好きだし、飲み会の後に会社に戻って仕事をすることもある。長時間の勤務には、どこかで息抜きが必要なのだ（言い訳です）。願わくは、この旅行記を書くことで、彼らに迷惑が及ばないことを切に願う。

草の根レベルの日越友好促進に励むK君のヤケクソ顔（中央）

大宴会

食堂車はほぼ満席だった。隣のおじさんが食べていたのがおいしそうだったので、同じものを頼む。「ミサオボー」という牛肉入り焼きそばだそうで、濃い味付けがビールにマッチしてなかなかいける。

車内にはひときわ盛り上がっている4人の若者グループがいた。写真を撮らせてと声を掛けると、一緒に飲もうと誘われた。黄緑色のランニングシャツを着た若者は完全に出来上がっていて、「モッ、ハイ、バー、ゾー！」（1、2、3、それっ！）という掛け声の乾杯を何回も繰り返す。

相棒のK君は「指差しベトナム語会話」という虎の巻を引っ張り出して、「乾杯！」以外のコミュニケーションを成立させようと試みる。何とか聞き出せたのは彼らの年齢が23～24歳で、1人は大学を出ているということ。もっとたくさん話したような気がするが、言葉も通じず乾杯ばかりしていたのでほとんど覚えていない。

ビールでおなかがたぷたぷになってウイスキーを注文すると、ウエーターは「ウオツカしかない」とにべもない。さすが社会主義国である。今後日本との友好関係がますます強まると、「あいにくですが日本酒しかありません」と言われるように……陶然とそんなシーンを夢想する。

乾杯は際限なく続く。黄緑男は吐きながら飲んでいる。吐いた口で私のミネラルウオーターを飲む。吐いた後に抱きついてくる。もう誰も彼を止められない。この状況を明るく乗り切るには、覚悟を決めて自分も一緒に酔っ払うしかない。開き直ってウオツカをあおっていると、だしぬけに彼の母親が現れた。

「いい加減にしなさい！　○×△！」

何と言ったのだろう。手のつけようがなかった彼は、その一言でテーブルに突っ伏してしまった。みんな手をたたいて大喜び。ベトナムの母の力は偉大である。

私も嬉しかった。「ベトナムの人と触れ合う」という鉄道旅行の大きな目的の一つが、とりあえずかなえられた。期待以上に濃厚に、においやべたべたのおまけ付きで。

シアワセになってお勘定を頼むと、ウエーターから「ビール何本飲んだ？」と聞かれた。ちゃんとつけといてよ。

寝苦しい夜

食堂車からコンパートメントに戻り、ベッドに倒れ込んだ。いつもならこれだけ飲めばすぐに大いびきなのだが、なかなか寝付けない。異国の夜行列車の興奮、スポンジ製でひしゃげる枕、狭いスペースなど理由はいろいろあるが、最大の原因は緊張だった。初日に財布をなくすという大失態を演じたため、自分の持ち物が気になって仕方がないのだ。

とりあえず貴重品の入ったバッグを壁際によせ、そこに足を乗せて眠ろうとするのだが、同室の陽気なおじいさんや中年男性が気になって仕方がない。おじいさんは中国から電車を乗り継いできた窃盗団の一味かもしれない。中年男性がコンパートメントに入るなり眠りに就いたのは、みんなが寝静まった夜中に行動するためかもしれない。そんな疑念が頭の中をぐるぐる巡る。

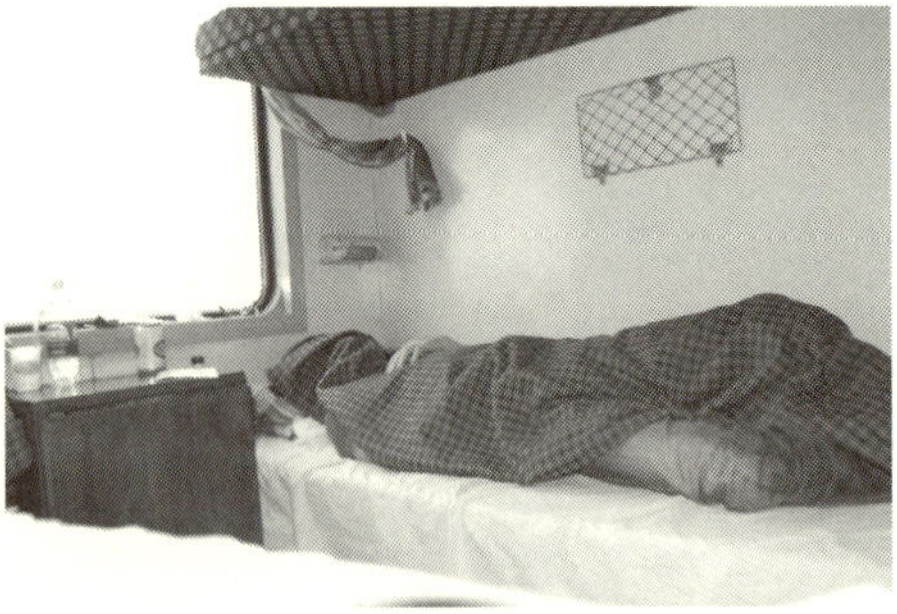

二日酔いのK君

自分でもアホらしいと思う。しかし、命綱のクレジットカードやパスポートまでなくしては、出張を続けることは不可能だ。車掌さんだってわざわざ「貴重品はいつも身に付けておくように」と注意してくれたではないか。もし同室の４人とも気の置けない友達だったら、深い深い眠りに落ちていたことだろう。

空調にも辟易した。私は上段のベッドだったが、クーラーの風が直接当たってめちゃくちゃ寒い。かと思うと、いきなりクーラーが止まって汗をかく。温度調節が一定ではなく、暑い寒いの繰り返しなのだ。そういえば、以前の我が家のクーラーもそうだった。汗で濡れた体に吹き付ける風はけっこうきつい。

食堂車でビールをたらふく飲んだので、トイレに何度も行き来した。そんなこんなで、ほとんど眠れないまま朝を迎えた。デリカシーさとは無縁に見える相棒のK君でさえ、熟睡できなかったという。２人ともまだまだ修行が足りない。

ハイバン峠

ドイモイ号は南北統一鉄道最大の難所であるハイバン峠にさしかかった。標高４９６メートルの山越えで、「ナンダサカ、コンナサカ」と急こう配を懸命に上る。スピードはせいぜい20キロくらいで、ときどき樹木がバキバキと音をたてて車体をなでる。米軍の枯れ葉剤攻撃から、あっという間に回復した生命力あふれるベトナムの緑だ。列車が１日に何本通過しようとも、

ハイバン峠から望む南シナ海

ぐんぐん鉄路に覆いかぶさってくる。

眼下には真っ青な南シナ海が広がる。通路では子どもたちが大はしゃぎして窓にへばり付いている。私も興奮して写真を撮ろうと窓を開けたら、「クーラーが効かなくなる」と車掌さんから叱られた（いつも叱られてばかり）。

ハイバン峠は、ハノイとホーチミンを結ぶ国道1号線のボトルネックだったが、2005年に日本の政府開発援助（ODA）で東南アジア最長のトンネル（6・3キロ）が開通し、南北の物流が飛躍的に改善した。ハザマ主導で行われた工事は難航しつつも、「プロジェクトX」ばりのベトナム人と日本人の心温まる感動秘話もあったと聞く。

次は南北高速鉄道のトンネル貫通だ、といきたいところだが、ベトナム政府が閣議決定した日本の新幹線方式の導入は、残念ながら国会で承認されなかった。5兆円を超える事業規模が大き過ぎ、採算が取れないと判断されたのだ。

ベトナムの新幹線計画については「夢物語」とせせら笑う人も多いが、私はこの細長い国を北から南まで疾走する弾丸列車にぜひ乗ってみたい。もし何十年後かに実現したら、よぼよぼになっても必ず乗りに来ようと思う。

列車は頑張って峠を登り切り、下り坂になってスピードを上げる。このハイバン峠を境に、ベトナムの気候も人の気質もがらりと変わると言われる。中間地点のダナンまでもうすぐだ。

後ろが相棒のK君（2人が入れ替わってもまったく違和感がないので念のため）

バイクタクシー

ハノイ駅から16時間、ドイモイ号は定刻通り午前11時にダナン駅に到着した。初めてベトナム中部の土を踏む高揚感で列車を飛び降りると、照りつける日差しにクラッときた。暑い。実に暑い。吐く息より吸う息の方が熱い。いったい何度あるのだろう。

昨晩一緒に「モッ《1》・ハイ《2》・バー《3》！」で盛り上がった若者のグループもダナンで降りて、駅まで迎えに来ていた車に乗り込んだ。貧乏旅行のグループだと思い込んでいたが、意外にリッチなのかもしれない。

相棒のK君と私は、タクシーでホテルまで行こうとすると、ドライバーが流ちょうな英語で「近いからバイクタクシーで行け」と言う。「バイク? このでかいスーツケースはどうするんだ」「ノープロブレム」。

本当に何の問題もなかった。バイクの運転手はスーツケースをゴムひもでくるくると荷台にくくり付け、ぽんぽんとたたいて「ほらね」と笑った。考えてみればバイクで家族5人が移動したり、大型冷蔵庫まで運んでしまう曲芸団のような彼らのことだ。スーツケースなど単なる小荷物でしかないのだろう。

旅行ガイドブックは「バイクタクシーには悪質なドライバーも多い」と注意を促しているが、中部のダナンではまだ「すれていない」のかホテルまでひとっ飛びで、料金は1万ドン(約50円)ぽっきりだった。ヘルメット着用が義務付けられているのはうっとうしいが、きちんと料金交渉をして乗りこなせば快適なベトナムの足になる。私はこれをきっかけにちょくちょく利用するようになった。ちょっとだけ「ベトナム通」になってきたかな。

郷愁のホイアン

ダナンでは2泊して、マジメに日系企業回りもしたのだけれど、ここでは一番印象に残ったホイアンの話を書きます。

ホイアンは中部の古い港町で、その街並み全体が１９９９年に国連教育科学文化機関（ユネスコ）の世界文化遺産に登録された。朱印船貿易が盛んに行われていた16世紀から17世紀にかけて日本人町が栄え、最盛期には１０００人以上の日本人が住んでいたという。そのシンボルが来遠橋（日本橋）で、２万ドン札の絵柄にも採用されている観光名所だ。

１５９３年に日本人が建てたとされる来遠橋だが、屋根付きのきらびやかな装飾はどう見ても中国風。廣勝家（クアンタンの家）、陳祠堂（チャン家の祠堂）、福建会館。観光スポットのほとんどは中国南部の影響が色濃く、「日本人町」の面影はほとんどない。徳川幕府の鎖国政策で日本との交流が途絶えたためだ。

来遠橋（日本橋）

それでも、この町は妙に郷愁をそそる。トゥボン川に浮かぶ漁船、屋根瓦の街並み、あちこちにつり下げられたカラフルで幻想的な行燈《あんどん》。コンクリートのビルもバイクの群れもない映画のオープンセットのようなたたずまいは、まるでタイムトンネルを抜けて朱印船貿易の時代に迷い込んだ気分にさせられる。

弥次郎兵衛の恋

K君と私はレンタサイクルを借り、「日本人の墓」を見に行くことにした。日本人町に住んでいた商人の谷弥次郎兵衛は、日本の鎖国で帰国を迫られたが、恋人と生き別れになるのがつらくて踏みとどまり、1647年にこの地で亡くなったという。何ともロマンあふれる話ではないか。

弥次郎兵衛の墓所は来遠橋から2キロほどで、古い町並みを抜けハイバーチュン通りを北上すると、ほどなく田園風景が広がる。汗をふきふきペダルをこぎ、通りから少し奥まった田んぼの中に石碑を見つけた。

谷弥次郎兵衛の墓

周りには少年2人が小川で魚取りをしているほかは誰もおらず、ひっそりとしている。お墓の入り口には越日英仏の4カ国語で「ゴミはお持ち帰りください」「バイクや自転車を乗り入れないでください」などと注意書きがあった。この場所は平岩弓枝氏の小説『風よ ヴエトナム』（新潮社）や多くの旅行記で取り上げられているので、墓参者が列をなしたことがあったのかもしれない。

墓地は10坪ほどだろうか。青草が伸びかけた一角の中央に据えられた墓石は縦型の日本式ではなく、仏様を横に寝かせる石棺《せきかん》のホイアン式だ。文字通り異国の地に骨をうずめた弥次郎兵衛は、最後まで愛する人と添い遂げたのだろうか。男に祖国を捨てるほどの決意をさせたその人は、どれほど美しく気立ての良い女性だったのだろう。

この墓石は、はるか日本の方角を望んでいるという。弥次郎兵衛さん、故郷が見えますか。朱印船貿易は30年ほどで途絶えましたが、いまの日越交流は貿易だけでなく、政治経済文化スポーツとめちゃくちゃ盛り上がってますよ。あなた方先人が蒔いた一つひとつの種が、大きく花開いてますよ。ありがとう。どうぞ愛する人の地で安らかにお眠りください。

色鮮やかな行燈

ホイアンの3大名物

墓前で手を合わせていると、遠くで雷が鳴りだした。真っ赤な夕焼けの空に、見る間に黒雲が覆いかぶさっていく。慌てて自転車にまたがり、雷雲と競争するようにホイアンの町なかに取って返した。

繁華街に戻ると既に日は落ち、その幻想的な情景に息をのんだ。数え切れないほどの行燈が、夜のホイアンを色鮮やかに染めている。昼の古都も情緒たっぷりだったが、夜はまた別の蠱《こ》惑《わく》的な顔を見せる。まるで『千と千尋の神隠し』の温泉街のような玄妙で怪しげな雰囲気だ。

空では雷鳴がとどろき、雨のにおいが強まる。やむなく夜の散策は諦め、トゥボン川沿いのレストランに飛び込んだ。

料理は迷わず「ホイアンの3大名物（ホワイトローズ＝エビの米皮包み、カオラウ＝米めん、揚げワンタン）」を注文した。この3品はまさに絶品だったのだが、ここでお見せしたくても写真が1枚もない。写真を撮るのも忘れ、K君とがつがつ食べてしまったのだ。白いバラにそっくりのホワイトローズはお代わりまでしたのに、それもぺろりと平らげてしまった。ついに大粒の雨が落ちてきた。雨脚はどんどん激しくなり、テラス席のテーブルに叩き付ける。どうも旅行記者にはなれそうもない。

親切な教授

再び鉄道の旅。これから「南ベトナム」を走る。

ホーチミン行きのドイモイ号は午前11時、またしても定刻通りダナン駅に到着した。ブログなどに掲載されている個人の旅行記を読むと、ベトナム国営鉄道のダイヤは当てにならないとの感想が多いが、今回はかなり正確だった。

仕事をするかと思いきや……

ハノイで最初に乗り込んだときは「意外に清潔だな」という印象を受けた。しかし、ダナンまで16時間の長旅を経たコンパートメントやトイレはかなり汚れていた。シーツや毛布もぐちゃぐちゃで、乗務員が掃除する気配もない。停車中は冷房も止まり、まるで蒸し風呂である。

すると、相部屋のちょびひげを生やしたおじさんが、真新しいシーツを持ってきてくれた。「毛布も換えたいなら乗務員に持ってくるように言ってあげるよ」と流ちょうな英語で話す。「いったい何者だろう」とK君と首をかしげて聞けば、ダナン大学の教授という。道路や橋を造る建築工学が専門で、別の大学に講義に行くとか。

列車が出発し冷房が入ると、教授はやおらノートパソコンを広げた。「さすが学者は移動時間も無駄にしないな」と感心していると、画面に映った大きなサングラスをかけた女性の写真を見せて「一緒にロサンゼルスに行ったときのワイフだ」と嬉しそうに自慢する。息子さんはエンジニアだそうで、かなり上流のステータスをお持ちのようだ。

われわれはその教授から、あっと驚くプレゼントを頂いた。

流し込んだ弁当

列車の通路からいい匂いが漂ってきた。お昼の弁当売りだ。コンパートメントで同室となったダナン大学の教授は売り子嬢から三つ買い、揚げ春巻きのサイドメニューまで付けて、K君と私に「どうぞどうぞ」と勧めてくれた。白米ご飯に照り焼き風チキ

車内販売の弁当（虫摘出済み）

ン、青菜いため、煮豆、スープが湯気を立てている。値段は一つ3万ドン（約150円）だった。

それから教授はどこかに出掛けてしまい、私とK君は弁当をのぞいて小さな叫び声を上げた。真っ白なご飯と青菜いための中に、黒い虫が何匹か入っている。ごく小さな、体長2ミリほどのゴキブリの赤ちゃんのように見えた。「虫入り弁当」は一つだけだったが、虫の混ざり具合から見て、ほかの弁当にも濃厚なエキスが入っていそうだ。

私は「どうする?」とうろたえたが、ベトナム出張回数が二けたに達するK君は平然としたもので、「ま、火が通ってるから大丈夫でしょう」と虫をポイポイつまんでごみ箱へ。そして当然のようにその弁当を自分の前に置いた。大した男である。

しばらくして教授が缶ビールを3本抱えて戻ってきた。それもちょっと高いハイネケンだっ

た。わざわざ食堂車まで行って買ってきてくれたのだろうか。教授はプシューとプルタブを開け、「チャム・ファン・チャム！」と高く掲げる。これは「１００％」の意味で「飲み干す＝乾杯」だそうだ。さすが知識人。乾杯の掛け声も若者たちの「モッ、ハイ、バー！」より高尚である。

結局、教授には虫のことは黙っていた。にこにこと楽しげな教授に知らせるのは何だか悪いような気がした。ここは仏教国、知らぬが仏である。私はせっかくご馳走してくれた弁当を残すのも悪いと思い、一生懸命ハイネケンで流し込んだのだが、やっぱり全部は食べきれなかった。さすがのK君も青菜いためを残していた。

最強のソフトパワー戦士

ダナンからホーチミンへ向かう列車で一つ残念だったのは、またコンパートメントの窓が西側だったことだ（窓が進行方向の右か左かは車両によってまちまち）。これが東側なら、雄大な姿が見え隠れする南シナ海のバラエティーに富んだ景色を眺めることができただろう。しかし、西側の風景は基本的に水田、湿地帯、集落の繰り返しで、これに沼や川、林、水牛、墓地などが変化を加える程度だ。

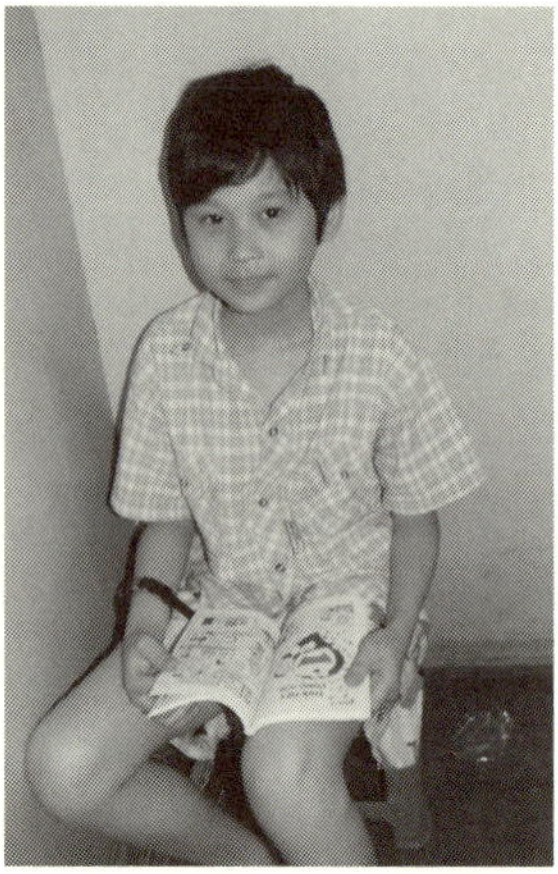

ドラえもんを読む少年

というようなことを、ベトナムのフリーペーパー「ベトナム・スケッチ」の編集長で、私が「歩くベトナムの百科事典」と尊敬するナカヤスさんに言ったところ「車窓の景色は千変万化だ」と反論された。やはり見る力のある人に見える景観は違うのだろう。節穴二つの私も鍛錬しなければ。

車窓の景色に飽きてしまったので、これまでの取材でインタビューした内容をICレコーダーから起こし始めたのだが、めったにできない鉄道旅行の最中に、帰国してからでもできる手仕事をするのはもったいない。相棒のK君はウオツカでおなかを消毒するのに忙しそうだったので、車両の先頭から最後尾まで徘徊《はいかい》してみた。

ざっと見たところ、コンパートメントもシート席もほぼ満席で、乗客のほとんどはベトナム人だった。車内では日本から来た鉄っちゃんやバックパッカーに出会えるかと期待していたのだが、日本人はどう見ても観光客丸出しの私と、ベトナム人に溶け込んで見分けるのが難しいK君だけだった。鉄っちゃんはともかく、バックパッカーは鉄道より料金の安い長距離バスを利用することが多いそうだ。

でも、日本からやって来たネコ型ロボットがいた。通路の片隅で、男の子が熱心に「ドラえもん」を読んでいる。「面白い？」と英語で聞くと、ニッコリ笑ってくれた。この子はきっと、日本のことを好きになってくれるだろう。

国際政治学者のジョセフ・ナイ氏は、外交政策における文化的影響力の重要性を指摘し、その力を軍事力や経済力の「ハードパワー」に対比させて「ソフトパワー」と呼ぶ。世界中の子どもたちに夢を与え続けるドラえもんは、日本が誇る最強のソフトパワー戦士だと思う。

未明のサイゴン駅

旅の火照り

ドイモイ号がサイゴン駅に到着したのは、定刻より40分も早い午前4時40分だった。実は相棒のK君と「列車のダイヤは当てにならないだろうから、午前中に仕事を入れるのはやめようか」と相談していたのだが、なかなかどうして立派なものだ。時間調整などしないのも気持ちいい。

寝ぼけ眼で列車を降りると、行商風、ビジネスマン風、家族旅行風、カップル、白人のバックパッカー……さまざまな人たちが大きな荷物を抱えて未明のホームを歩いている。バッグと一緒に眠り込んだままの子どもを抱っこしているお母さんは大変そうだ。そしてへんてこな日本人コンビ。

駅舎を出ると、こんな時間なのにタクシーが列をなしている。激しく客を取り合い、私も「どこまで行くんだ?」と腕をつかまれた。「日本みたいに順番に並んでたばこでも吹かしてればいいじゃないか」と思うが、なるべく遠くへ行く上客を乗せたいのだろう。ホテルが近くてすみませんね。

ホテルは前回の出張と同じコンチネンタル・サイゴン。ベルボーイが覚えてくれていて、にこにこと握手する。この日の最初の取材アポは8時半で、シャワーを浴びて少しでも仮眠を取ろうとベッドに横になった。

でも、どうも落ち着かない。お尻がむずがゆいような、場違いな感じがする。ホーチミン市1区の高級ホテル、大盛りのウェルカムフルーツ、二つ並んだクイーンサイズのベッド、木彫りの虎や高そうな壺の置物。そこにディーゼル列車の振動、一緒に酒盛りした若者たち、ホイアンの行燈、虫入り弁当、真っ青な南シナ海がフラッシュバックする。体は疲れているのに、旅の火照りが残っている。

伸び縮みする時間

ベトナム入りしてまだ1週間なのに、K君はしみじみと「2人で1カ月くらいベトナムを旅してきたような気がする」と言った。深くうなずく。言い古されてはいるけれど、時間というものはゴムのように伸び縮みするものだとつくづく思う。嫌な時間はそのときに長く感じて、振り返ると記憶から振り落とされる。楽しく充実した時間はあっという間に過ぎ去って、思い起こせば長く感じる。

ノンフィクション作家の沢木耕太郎氏は、ホーチミンからハノイまで長距離バスの一人旅をつづった著書『一号線を北上せよ』（講談社）で、旅に出れば「生きることに必要なものはほんのわずかなのだということが分かる」と書いている。私はそこまでの深い考察には至らないが、旅は少なくとも「自分の世界はとても小さい」ということを教えてくれる。

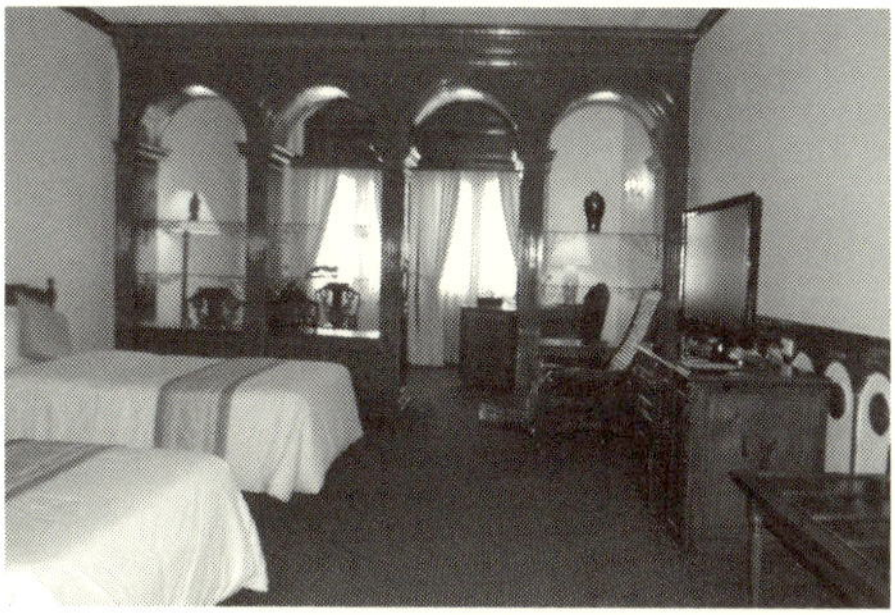

ホテルの部屋

衛生面で難のある食事、暑い寒いを繰り返す空調、次第に汚れてくるトイレ、盗難の緊張。南北統一鉄道の旅は、必ずしも至極快適とは言えないものの、飛行機では経験できない出会いや発見があった。

ふかふかのベッドの上で「自分はこんな無菌室のような場所にいていいのだろうか。もっとベトナムの雑踏に分け入って行くべきではないのか」と何度も寝返りをうつ。たかが鉄道でハノイからホーチミンまで移動しただけなのに、気分はもうノンフィクション作家モードなのである。

沢木氏は「必要なものはほんのわずかなのだ」に続けてこうも書く。「旅から帰ると誰もがすぐにそのことを忘れてしまう。だが、それはそれでいいのだ。旅先で覚えたその痛切な思いは、決して消え去ることはない」。

私も、忘れまい。この火照りだけでも。

第3章

ハノイ支局開設！

2011年のハノイ。インフラ建設が急ピッチで進んでいた（AFP＝時事）

大震災直前に承認

「ハノイ支局の開設が役員会で承認されたぞ」

上司のA国際室長からそう告げられ、思わずガッツポーズしたのは、忘れもしない2011年3月7日のことだった。実は結婚記念日だったもので。

そんなことより、この4日後に東日本大震災が起きる。もしこの役員会が未曽有《みぞう》の国難である「3・11」の後に開かれていたら、海外支局新設というカネも手間もかかる案件は「それどころじゃない」と棚上げされていたかもしれない。

時事通信社がベトナムに取材拠点を置くのは、ベトナム戦争が終結した1975年にサイゴン（現ホーチミン）支局を閉鎖して

ハノイ中心部のホアンキエム湖

以来36年ぶりだ。バブル崩壊後の長期経済低迷、ネット情報の氾濫など報道機関にとって逆風が強まる中で、社の経営陣に新支局開設を承認させるまでには、A室長を旗頭とする強力なベトナム・チームの奮闘があった。

まあ、それはそれ、しょせん内輪の話だ。ここでは「出張記」に続く「赴任記」で、ハノイ

支局開設決定からオフィス立ち上げまでの顛末《てんまつ》を紹介したい。どうでもいいことだが、腕まくりして赴任記と打ったらまず「不人気」と変換されてしまった。そんな……がんばって書きます。

上司の判断

ハノイ支局開設が決まり、まず定石通り「どうやったらいいですか」と、日本貿易振興機構（ジェトロ）ハノイ事務所に問い合わせた。彼らは貿易だけでなく、日系企業の進出にかけても腕利きのプロ集団である。あたかも家電製品の取扱説明書《トリセツ》よろしく「こうしてああしてこうやって」とガイダンスがあると思っていた。

確かに「一般企業の場合はこうなります」と詳細な資料が送られてきた。しかし、「報道機関は規制業種のため、追加の許認可が必要と思われます。ジェトロとしては、近年日系メディアの進出をお手伝いしていないため、具体的な手続きは承知しておりません」と言う。そして日系コンサルタント会社のリストを頂いた。

ハノイの日本大使館も同様で、日本語で対応可能な弁護士のリストが送られてきた。要するに「自分でやろうったって無理無理。専門のコンサルに任せなさい」ということだろう。

ハノイの日本大使館

もちろん、費用面も含めて以前からコンサルに問い合わせていた。ハノイ支局開設のゴーサインが出た後は見積もりも出してもらい、上司に提出した。しかし、上司はそれをあっさりと蹴ったのである。「大工場を建てるわけじゃあるまいし、報道機関であるウチが支局をつくるのにコンサルに頼んだ例はない。最終的にコンサルを使うにしても、できるところまで自分たちでやってみようじゃないか」。

告白すれば、このとき私は上司を恨んだ。私はこれまでのベトナム取材で、行政手続きの面倒さや「柔らかいお金」を含む不透明さ（ワイロです）についてさんざん聞かされてきた。A室長、ベトナムはかなり難しい国なんです、素人が太刀打ちできるような相手じゃないんです。

でも、結果的に上司の判断は正しかった。先に結論を言ってしまえば、支局開設のライセンス自体は、社長のレター1本で下りたのである。そこにこぎ着けるまでに、あの手この手で汗をかきはしたのだけれど。

人のつながり

ハノイ支局開設手続きと表裏一体なのが、特派員の報道ビザ（ベトナムではB－1ビザ）取得だった。ビザなら東京のベトナム大使館で取れるだろうと高をくくっていたが、わざわざ代々木まで出向いたのに、領事部は「支局をつくるなら、本国の外務省報道・情報局に直接申請しなさい」と素っ気ない。担当者の名前を聞くと、「調べて後で連絡する」と言われたが、なかなかその連絡が来ない。電話をかけても「大変混み合っております」と切れてしまう。

それならと外務省報道局にメールを数本送ったが、いっこうに返信がない。ベトナム関連のセミナーで何度も聞いた「いきなりメールなど送り付けても、返信はないものと思ってください」という講師の言葉が身に染みた。

転機は4月1日、ある日越交流機関トップへのインタビューだった。その方は、私がぽろりと愚痴をこぼすと「じゃあ何とかしてあげよう」とインタビューそっちのけで、その場であちこちに電話をかけた。そしてあっという間に、私から外務省北

ベトナム首相府

東アジア局のH氏に連絡すれば、話が通るように段取りをつけてくれたのである。

私は半信半疑でH氏にメールを打った。すると、すぐに外務省報道局から社長名の正式な支局開設申請書を提出するよう連絡があった。「ベトナムは人と人のつながりが大切」と何度も聞かされていて、頭では分かっているつもりだったが、実体験として痛感した出来事だった。

名前を出さないで、という奥ゆかしい人なので実名もインタビューの写真も載せられないのが残念だが、あの日以来、私はその方のオフィスがある方向へ足を向けて寝ないように気を付けている。

It's a small world

時事通信社ハノイ支局開設の正式な申請書は4月11日付で、当時の中田正博社長から外務省のグエン・フオン・ガー報道官（報道・情報局長）あてに提出した。提出といっても、まずメールでレターヘッドのPDFを送り、現物を郵送しただけだ。定型フォームはなく、「ハノイに支局を開設し、高橋を特派員に任命したい」旨を伝える簡単な内容だった。

ハノイ支局の開設決定から、ここまでに1カ月以上かかったが、素人仕事ならまずまずだろう。

4月20日には、A国際室長と2人でグエン・フー・ビン駐日大使を表敬した。ベトナムはそのとき、特に関係を重視する日本、アメリカ、中国、ラオスの4カ国だけ外務省の次官クラスを大使として派遣していて、社会主義国の同志だった大国のロシアでさえ局長クラスにすぎなかった。大物大使にお願いし、かつての部下に支局開設をプッシュしてもらうのが狙いだった。

グエン・フー・ビン駐日大使

ビン大使には以前インタビューしていたこともあり、ハノイ支局開設決定を大変喜んでくださった。そして、ガー報道官は、初代日本大使を務めた故グエン・ザップ氏の娘さんであること、自分の直接の部下だったことを懐かしそうに話した。本当に世界は広いようで狭い。ビン大使はこの後、実際にガー報道官に電話をかけ、支局開設の認可手続きを早く進めるよう指示してくださった。足を向けて寝られない方向が、代々木方向へまた一つ増えた。

犯罪歴

ベトナム外務省にハノイ支局開設の申請書を送った後は、じりじりと待たされた。「どうな

書記長に就任したグエン・フー・チョン氏（EPA＝時事）

ってますか」と問い合わせると、「手続き中です。外務省だけでなく、他の部署や首相府でも検討中なので時間がかかります」という。

たかが通信社の支局開設くらいで首相マターかと首をひねったが、それが情報（あるいは「インテリジェンス」と呼ばれる価値ある情報）に対するベトナムのスタンスなのかと、こちらも身構えた。

時期も悪かった。この年は1月に5年に1度の共産党大会が開かれ、グエン・フー・チョン国会議長の書記長就任が決まったものの、国家主席、首相の重要ポストは内定段階、他の閣僚人事は白紙の状況で、新体制が固まる7月の国会まで長い「政治的空白」期間だった。外国報道機関の支局開設が、首相が関与するほどの重要案件であるのなら、焦っても仕方がないと開き直った。

共産党文化・思想委員会が、私のことを「洗っている」のだとコワイことを言う人もいた。実は、私には小さな犯罪歴がある。大学生の頃、友人と2人で酔っぱらって未明に駅前の自転車を拝借して乗り回していたら、窃盗容疑でパトカーに押し込まれ、東京の杉並警察署で指紋まで採られた。

もう時効だから言えるが、つま先立ちで報道局からの連絡を待っていた私は、そんな恥ずかしい過去まで気にしていたのである。

追い風

ベトナム外務省にハノイ支局開設の申請書を送り、グエン・フー・ビン駐日大使にプッシュをお願いした。時事通信社が取った「次の一手」は、直接の担当者であるグエン・フオン・ガー外務報道官に直談判することだった。

私はハノイ出張を6月に組み、ガー報道官にお会いすることになった。当時は南シナ海の領有権問題をめぐり、ベトナム国民の反中国感情が高まっていた時期で、ガー報道官は連日の記者会見で激しく中国を非難していた。女性ではあるが、相当「いかつい」イメージを膨らませていた私は、かなり緊張した。

しかし、当日現れた報道官は、小柄でとてもチャーミング

南シナ海問題で中国を非難するグエン・フオン・ガー外務報道官（EPA＝時事）

な女性だった。笑顔を絶やさずに「だ・か・ら、チュオンサ（南沙）もホアンサ（西沙）諸島も、昔からベトナムの領土だって言ってるじゃない」という感じで、ソフトに、しかし毅然と自国の立場を主張した。

このベトナムと中国との対立は、不謹慎かもしれないが、ハノイ支局開設にとっては追い風だった。私は「時事がハノイに支局を置けば、ベトナムの声を世界に向けて発信できる」と力説した。実際、私はガー報道官との単独インタビュー記事を書き、英文でも海外へ配信した。

後日談だが、ガー報道官はこの後すぐ、女性初の外務次官に昇格した。私は次期駐日大使の可能性がかなり高いと踏んでいたのだが、（いつも通り読みが外れて）現在は国連大使を務め、ベトナム外交の最前線で活躍している。

お賽銭を奮発

ベトナム外務省報道・情報局からハノイ支局開設承認のメールが届いたのは、8月2日午後5時27分だった。

ベトナム国会はこの日、グエン・タン・ズン首相が上程した組閣案を承認した。1月の共産党大会から長い政治的空白を経て「新生ベトナム」が第一歩を踏み出した日で、やはり当局も新体制に切り替わるまで承認を待っていたのだ。

メールに添付されていたレターは、チャン・クアン・トゥイエン局次長名で、「ハノイで高橋氏と仕事ができることを楽しみにしている」「時事通信社と報道・情報局の協力が、将来花開くことを希望する」などと記されていた。

実は、支局開設は承認されたものの、この時点で報道ビザをどう取得すればいいのか、よく分からないままだった。必要書類などを問い合わせても、「準備中」としか答えが返ってこなかった。しかし、ベトナム独立記念日（9月2日）を控え、8月19日にグエン・フー・ビン駐日大使に改めてインタビューした際にその旨を話すと、23日にいきなり「ビザができました」とメールが来たのである。

東京・代々木のベトナム大使館で開かれた独立記念日祝賀パーティー

私は狐につままれた気分だった。これまで当局に提出した書類と言えば、社長名の支局開設申請書と私の履歴書だけで、ビザの申請書さえ出していない。大学の卒業証明書だの無犯罪証明書だの、多くの書類が必要と聞いていただけに、拍子抜けしてしまった。

私はすぐ代々木のベトナム大使館にビザを受け取りに行った。ベトナムにはいわゆる「プレスビザ」はなく、政府機関の職員らに発行されるものと同じ「B－1」ビザで期間は6カ月だ。私は会社がハノイ支局を承認した3月、すぐにベトナム大使館にビザの問い合わせに行き、帰りに代々木八幡宮で「早く支局ができますように」とお願いした。そのときは「ご縁がありますように」とお賽銭を5円あげた。今回もビザを大切に懐にしまってお参りし、お礼を奮発して100円あげた。

こころの錦

ベトナムで大手を振るって取材できるビザをゲットした。これでいつでも「戦地」へ飛び込める。そう、大げさは百も承知だが、私にとってハノイ支局の初代特派員として赴任することは、激戦地の最前線に橋頭《きょうとう》堡《ほ》を築く勇猛な戦士の気分なのだった。とても小さい「僕のベトナム戦争」である。

「いつハノイに行けるか」。上司から聞かれた私は、気持ちが高ぶっていたこともあり、「いつでも行けます」と即答した。「9月15日で大丈夫か」「楽勝です」。私の渡航日は、そんなふうにシンプルに決まった。

実はぜんぜん楽勝ではなかったのだが、私はなんとか予定通りハノイ・ノイバイ空港に降り立った。いよいよバトルフィールドに上陸である。現地では、海外速報事業のパートナーであるヒダカさんや、香港支局の相棒・K君らが待ち構えていて、早速、身内の少人数で「ハノイ支局開設記念パーティー」を開いた。

欲を言えば、それなりのパーティーを開きたかった。勝手にそら夢を膨らませれば、ホスト役をウチの社長にお願いし、ベトナムの外務大臣や日本の大使をお招きして、盛大にやりたかった。会場は各界の著名人で埋まり、カメラの放列の中、私はアオザイ美人からマイクを渡され、決意表明のスピーチをする——。

ルオン・タイン・ギ外務報道官（EPA＝時事）

もちろん、そんな妄想が実現するはずもない。経営環境に逆風が吹き荒れる中、ハノイ支局の開設にこぎ着けたこと自体が僥倖《ぎょうこう》なのだ。

ただ、ベトナム外務省サイドも当初、「ライセンス交付についての会合をアレンジしたい」と言っていたので、それなりのセレモニーを想定していたようだ。私はハノイ支局開設申請に当たり、「時事通信社は日本を代表する報道機関だ」と風呂敷を広げていたので、「1人でライセンスを取りに行く」と聞いて「かっくん」と肩透かしを食ったのではないかと思う。

実際には、1人ではあまりに寂しいので、日本大使館のT書記官に無理をお願いして同行していただき、9月21日に新任のルオン・タイン・ギ外務報道官からライセンスを受け取った。ギ報道官は大阪副領事の経験もある知日家で、「娘はたこ焼きが大好きだ」と日本駐在時代を懐かしそうに振り返っていた。

パーティーやセレモニーなど、形はどうでもいい。これで名実ともに時事通信社ハノイ支局が開設された。♪ぼろは着ててもこころの錦。私は今でもときどき、水前寺清子の「いっぽんどっこの唄」を口ずさんでいる。

オフィス入居

ハノイに着任した翌日の9月16日、私は支局のオフィスをホアンキエム湖からほど近い、サンレッドリバーのビジネスセンターに即決した。各種サービスが優れていることはもちろんだが、このオフィスビル建設はヒダカさんが事業をまとめ、サンレッドリバーのN社長は海外速報ベトナム便の契約第1号という特別な読者なので、他の選択肢は考えていなかった。

ベトナムのオフィススペースは通常、「最初にあるのは天井だけ」と言われ、家具や事務機器などはすべて自前でそろえなければならない。でもこのビジネスセンターは「パソコン一つ持ってくればすぐ仕事ができる」のがウリで、デスクやロッカー、電話、プリンターなどが完備している。

特にありがたいのは、受付嬢（男性もいます）が秘書代わりになってくれることだ。「これコピー取って」「PDFで保存して」など雑多な頼み事を、にこやかに「イエスサー」とすぐやってくれる。ベトナム語の電話で何を言っているのか分からず、応対をお願いすることも多い。何だか美人秘書をたくさん従える偉い人になった気分である。

ビジネスセンターの受付嬢

日本人の苦情

サンレッドリバーの宣伝みたいになってしまったので、苦情を一つ。エアコンが午後7時に切れてしまい、日曜は動いていない。ビジネスセンターに入居している駐在員は「事務所立ち上げ途上の激務」の人が多く、昼も夜も週末も関係なく、みんな実によく働く（これを書いているのも日曜で、お隣に入居している方とランチに行きました。「お互い日本人ですねえ」と慰め合いながら）。夏場はエアコンが切れた途端に汗が噴き出す。何とかならないか。

N社長にお伺いを立てると、ビル全体の空調を動かすことになるので、ずいぶんコストがかかるとか。逆に土曜もエアコンを動かしているオフィスビルは、ハノイでは良心的なのだと諭された。

もうさっさと仕事を切り上げてしまおうか。でも、やっぱり汗をふきふきこれを書いている。

モミジアパートの歓迎パーティー

モミジアパート

アパートもすぐ決めた。どうせ単身赴任で寝るだけだから、えり好みしてもしょうがないし、生活基盤を早く整えたかったのが理由だが、それだけ魅力的な物件でもあった。

改装したばかりで新築同様、オフィスのサンレッドリバーから歩いて1分。大家さんはベトナム語オンリーだが、娘さんはインターナショナルスクール出で英語がぺらぺら。仲介不動産業者も日本語が堪能で、言葉で困ることはない。

女性オーナーのハーさんは大の日本ファンで、アパートの名前は「モミジ」。11月に日本旅行に行ったとき、モミジの紅葉がとてもきれいだったからという。

入居したのは9月24日で、大家さんは早速、揚げ春巻きで歓迎パーティーを開いてくれた。ベトナムは生春巻きが有名だが、客人は揚げ春巻きでもてなす習慣がある。衛生面の配慮があるのかもしれない。

アパートからオフィスまではこの道を歩いて1分

この大家さん、ベトナム人の例に漏れずとても世話焼きで、帰ると必ず「ご飯は食べたか。何か食べていけ」と勧められる。「おなかいっぱい」と断ると、パパイアやバナナを持っていけと半ば強制する。「パパ嫌」というジョークも通じず、食べきれないほどのフルーツを持たされる。
掃除洗濯付きのサービスアパートのため、プライバシーが守られているとも言い難い。先日はシャワーを浴びた後、裸でいたところいきなりドアを開けられた（不在だと思ったという）。天候によっては洗濯物がなかなか返ってこずに、慌てて下着を買いに行くようなこともある。

でも、大家さんの下宿人に対する気遣いは本物で、私が病気になったときは家族のように心配してくれて、時間をかけて鶏のコンジー（お粥）を作ってくださった。本当においしかった。私の選んだアパートは、ハノイで最高の物件だと思っている。

大御所のアドバイス

ハノイの記者仲間からコワイ話を聞いた。報道関係者は外交官の次に厳しく行動を監視されるのだという。電話の盗聴はもちろん、メールやウェブサイトの閲覧履歴まですべて筒抜けとか。

確かにスパイ小説や映画の世界では、社会主義国の報道機関の海外支局長といえば対外諜報機関の幹部と相場が決まっているし、実際にアメリカでは中国国営メディアの特派員による諜報活動が問題視されている。

ベトナムでも少し前まで、報道機関の助手と運転手はすべて外務省から派遣され、特派員の行動は厳しく監視されていた。今でも助手は自由に雇えず、候補者の履歴書を外務省報道・情報局に提出し、お墨付きをもらわなければならない。

それにしても、世界で有数の友好国であるニッポンの、一民間会社であるジジの、しがないサラリーマンであるワタシの行動を監視するなんて、国家予算の大きなムダである。ただ、ちょっと気になることがあったので列挙してみる。

ファクト1。ある日の夕方、私や記者仲間のパソコンから、自社のニュースサイトに突然アクセスできなくなった。ヤフーやグーグルへのログインも不調。仕事にならないのでみんなで集まって飲んでいたら、夜9時ごろ通常に戻った。大使館などの公的機関や日系企業に聞いてみたが、この現象は報道機関だけだったようだ。

ファクト2。外国のプレスサービスを担当する部署にあいさつに行った際、少数民族や原発建設予定地の取材など政治的に微妙な案件は、必ず事前に取材申請を提出するように言われた。勝手に行ったら「警察があなたを逮捕するかもしれない」とクギを刺された。

ファクト3。ハノイ赴任前に、あるベトナム研究の大御所にあいさつに行き、アドバイスを受けた。大御所はいたずらっぽく笑いながら、「夜のまちで女性から『今夜は帰りたくないわ』と誘われたら、それは当局の人かもしれない。そのとき、高橋さん、さあどうする」――。

ベトナム外務省

さあどうしよう。私はかつて一度もモテたことがないので、どうするもこうするもなく、一直線になるようになってしまうかもしれない。冷静に考えれば、さすがに色仕掛けはもっと大物が対象と思われるが、少しばかり期待しないでもない。

モテ期

私はこれまで、本当に一度もモテたことがない。しかし、ハノイに赴任してから人生で唯一無二と思われる「モテ期」を体験した。でも、私に言い寄ってくるのは、ほとんどオジサンばかりだった。

時事通信社は9月16日、「ハノイ支局開設」の社告を出し、記事も配信した。その途端、「支局開設おめでとうございます」「ぜひごあいさつに伺いたい」「支局に花を届けたい」「私を雇わないか」といった電話やメールがたくさん来た。もちろん有り難かったが、いささかしんどくもあった。

私はハノイに着任してから、毎日の出来事を簡単にメモしているのだが、9月21日には「ずっとずっとずっとメール。返しても返しても返ってくる。さすがにうんざり。○○の原稿書くつもりだったがムリ」というケシカラン記録が残っている。

本当にケシカランことだ。いったい自分は何様なのだ。メールや電話をくれる人は、自分なんぞではなく、時事通信社という報道機関にくれているのだ。

実は今、ある日本レストランで、1人ちびちびと（たまに一気にあおって）飲みながらこれを書いている。いつもは忙しさに紛れて気にもしないが、こうして1人でいると、「俺がベトナムで会社の看板を外したら、いったい何人の友達がいるのだろう」などと、弱気に考えてみたりする。

急にこんなセンチな気分になるのは、最近やたら弱くなったと感じるアルコールのせいか。それとも、年の瀬になってめっきり冷え込み、日本の晩秋めいてきたハノイの季節のせいなのか。

年の瀬のトンニャット（統一）公園
冬のハノイは曇りの日が多い

会社の印籠

銀行の個人口座は、あっけないくらい簡単にできた。パスポートを見せて、ものの15分だったと思う。しかし、会社の口座は会社のスタンプ（はんこ）がないと開設できない。

警察署内の一角にあるスタンプ事務所

この社印はベトナムでは決定的に重要で、会社の業務には必要不可欠だ。これがなかなかもらえなかった。口座開設だけでなく、私が日本から送った荷物の通関もできない。会社が輸送費を払うので、会社のモノとみなされるのだ。

通常の事務所設立では、省や市の人民委員会からライセンスが交付される際に、スタンプづくりの指示と手順の説明があると聞く。だが、外務省報道・情報局からは何の案内もなかった。ライセンス自体も、一般企業の場合は有効期間や代表者の個人情報などが記載されているのだが、報道機関のライセンスにはそれもない。

とても素人の手には負えないので、ヒダカさんの「アジア投資センター」に泣きついて手続きを進めてもらった。でもヒダカさんの優秀なベトナム人スタッフも「いつもとやり方がぜんぜん違う」と戸惑い顔で、しばらくは支局経費を個人口座で建て替えてしのいだ。

若いスタッフは第2子が生まれたばかりで、ハンコどころではないはずなのに、一生懸命外務省や警察署（ハンコは警察がつくる、というのも新鮮な発見だった）と掛け合ってくれた。そして1カ月ほどでやっとゲットできた。

それは私にとって水戸黄門の印籠に等しく、返す刀で杉良太郎ベトナム特別大使演じる助さんよろしく大股で銀行に乗り込み、「控えおろう！」の一言で皆がひれ伏す中を（あくまで気分的にです）晴れてハノイ支局の口座を開設した。単なる事務手続きにすぎないのに、妙な達成感があった。

支局近くのレストラン

恐犬病

ベトナム赴任に当たり、予防接種については何も考えていなかった。しかし、記者仲間から「ハノイやホーチミンだけの旅行者ならともかく、山岳少数民族やメコンデルタの取材に行くなら、絶対に受けた方がいい。もし狂犬病になったら確実に死ぬぞ」と脅かされ、病院が決めたスケジュールに従って接種を始めた。

私が受けたのは、日本脳炎、A型・B型肝炎、感染症、破傷風、腸チフス、狂犬病である。狂犬病は日本では撲滅されたが、ベトナムではしぶとく残っている。飼い犬で予防接種を受けているのは3割に満たないとも言われ、「パクリ」とやられるのはとても恐い。「パクリ」でなくても、傷口や唇など粘膜をなめられただけで感染する危険があるというから、ベトナムに住む方には強く接種をお勧めする。

ハノイには野良犬（放し飼いかもしれない）が結構いる。アパートから会社に行く途中にはいつも大きな黒い犬がウロウロしているし、早朝にホアンキエム湖を散歩すると、ノーリードで飼い主がいるのかいないのか分からない犬をよく見かける。

ただ、テキはあまりほえない。少なくとも私はほえるのをほとんど聞いたことがない。日本の留守宅のワンちゃんが「早く散歩に連れていけ！」とうるさいのと大違いである。ひょっとすると、この国では自分が食べられてしまう存在であることを知っているのかもしれない。その鋭い嗅覚で、ホアンキエム湖の北西にある犬料理のレストラン街から漂うにおいを察知し、人様の胃袋に収まるのを待つ仲間に心を痛めているのかもしれない。

私は異国の食文化を批判するつもりは毛頭ないし、一部のア〇〇〇人のようにエラそうに自国の基準を押し付けたくもない。でも、犬は絶対に食べたくない。特ダネと交換でも嫌だ。それとは知らされずに飲み食いした後で、「今のは犬だよ」と言われる場面を想像するのも恐い。狂犬病ならぬ恐犬病である。

緊急入院

ベトナムに赴任してから1カ月以上、体調はまずまずだった。ほとんど起きてから寝るまで仕事で、土日もなしという生活が続いたが、「ベトナムの水が合っているのかな。俺って意外に頑丈かも」と自分を見直した。だがしかし、世の中そんなふうに気持ちが緩んだときに、必ず落とし穴が用意されているものだ。

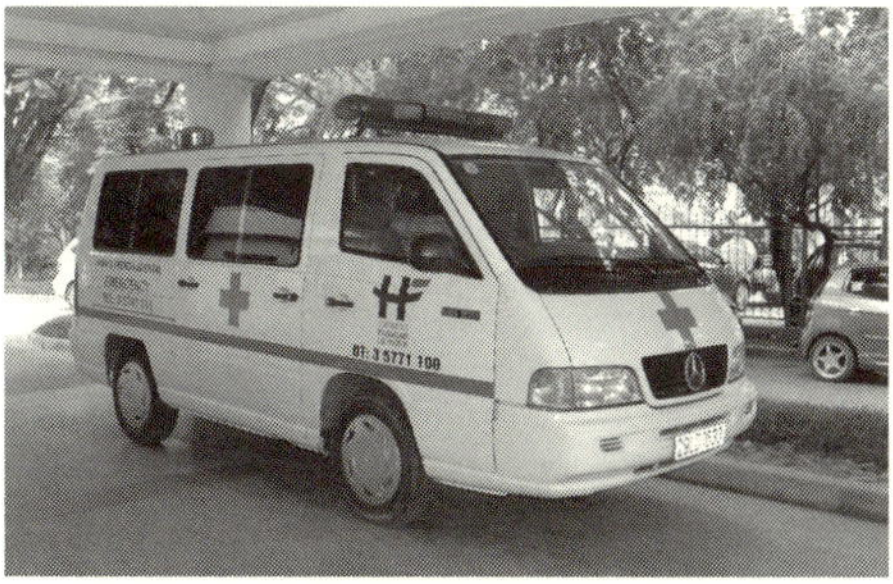

初めて乗った救急車

おなかがしくしくし出したのは、ハノイ着任から1カ月半が過ぎた10月31日、日本訪問中のグエン・タン・ズン首相が野田佳彦首相と会談する日だった。さらに間の悪いことに、この日から香港支局の相棒・K君がハノイ入りして、また2人で取材先を駆け回ることになっていた。これから嵐のような忙しさになるはずで、タイミング的には最悪だったが、熱も上がってきたので念のため病院に行った。

「急性虫垂炎の疑いですね。救急車で大きな病院に搬送します」。ドクターはあっさりそう言った。盲腸!?　このトシで？　なんでまたこんなときに……。生まれて初めて乗った救急車に揺られながら、私はもはや泣き笑い状態で、付き添ってくれたキュートな看護師に「なぜ人間には無用な虫垂が残っているのだ」などと問い詰めて困らせた。

搬送先のハノイ・フレンチ・ホスピタルでもすぐに虫垂炎と確認され、「準備が整い次第、手術をします」と言う。もはや覚悟を決めるしかない。ちなみに、フレンチ病院の建設に関わったある邦人駐在員は、病院の開所式の最中に急性虫垂炎になり、当時（1997年）は最新設備を誇ったこの病院でも手術できなかったので、その場から香港まで「空輸」されたという作り話のような実話がある。それに比べれば、ここで手術を受けられるだけでもベトナムの発展に感謝しなくては。

とはいえ、こんなときに限って記者仲間の昔話を思い出す。彼の知人がベトナムの病院で注射をすることになった。衛生面が心配になり、「その注射針は新品ですか」と尋ねた。すると、医者は自信満々に答えた。「もちろん！　まだ3人目だ！」。

この話は記者仲間の創作ブラックジョークと思いたい。

もう、ちょうがない

ハノイ・フレンチ・ホスピタルで急性虫垂炎の手術を受けることになった。慌ててアポを入れていた取材先に「急用が入り……」などとメールで連絡しているうち、ノートパソコンのバッテリーがなくなってきた。そうだ、どうせ入院してベッドに寝転がっていられるのなら、たまった仕事をやっつけられるかもしれない。

そう思ってベトナム人のドクターに、「パソコンの電源コードを取りに会社まで戻りたい」とお伺いを立てると、あきれ顔で「途中で虫垂が破裂しても、一切病院に責任は問いません」という一筆を書かされた。まあいい、どうせ日本人はワーカホリックでクレイジーと相場が決まっている。

オフィスでコードを引っつかみ、小一時間で病院に戻ると、すぐにシャワーを浴びるように言われ、下腹部を剃毛された。開腹手術ではなく内視鏡なので、おへその下を少しきれいにしただけだ。次は麻酔で、液体をしばらく口の中で含み、それをごくんと飲んでから、記憶が急速に薄れていった。

ハノイ・フレンチ・ホスピタル

手術室にガラガラと運ばれる途中で、廊下の天井を眺めながら「まるでＥＲ（ＥＲ緊急救命室、米国の人気ドラマ）みたいだな。ＥＲって観たことある？」と看護師に話し掛けたのだけを覚えている。麻酔の注射を打たれたような気もするが、舌が回らず、「その注射針は新品ですか」と聞く間もなかった。

高い外科医療水準

ぼんやり目を開けると、ドクターがほほ笑んでいた。「手術跡を見てごらん。とってもきれいだから」と言う。私のおなかには、おへそと、下腹の左右に一つずつ、計３カ所にバンドエイドを大きくしたような、ばんそうこうが貼ってあった。内視鏡による虫垂の摘出手術は、もの30分もかからなかったそうだ。

長らく戦争が続いたベトナムでは、外科的施術のレベルはかなり高いと聞く。術後の痛みもほとんどなく、待望のおならもすぐに出た。盲腸がなくなり「もう、ちょうがないな」。ふとそんな昔のオヤジギャグを思い出したが、異国の病院では聞いてくれる人もいなかったので、ここに書いてしまいます。

小さな日越互恵条約

虫垂炎の手術から無事退院し、遅まきながら助手探しを始めた。いつまでもサンレッドリバーの受付嬢に甘えるわけにもいかない。

まず、取材でずっとお世話になっていたベトナム・日本人材協力センター（VJCC）に声掛けをお願いしてみた。VJCCはベトナム最難関の一つであるハノイ貿易大学内にあり、若いキラ星のような人材が、ハノイ支局の門前に列をなすと皮算用していた。

ベトナム国家主席府

しかし、学校は支局開設と同じ9月に新学期が始まったばかりで、タイミングが悪かった。校内に募集広告を掲示しても応募は数名にとどまり、実際に私が面接したのは知人からの紹介も含めて3人だけだった。その中からベトナム国家大学ハノイ校（いわば日本の東大）卒の才媛であるTさんを選び、外務省の審査もすんなり通った（後で分かったことだが、父親は共産党員だった）。

私は彼女の出勤初日に、チュオン・タン・サン国家主席と日本からの訪問団との会合取材に連れ出したのだが、なぜか1人だけ国家主席府の門外に閉め出されるという理不尽な扱いを受けた。

そのときはすぐ帰るよう伝えたのに、彼女は寒風の中を2時間も待ってくれていて、私は忠犬ハチ公の飼い主になったような錯覚に陥った。ハチ公、ではなくTさんとは、仕事中に1日10分でも時間をつくってベトナム語を教えてもらい、見返りに私が日本語を教えるという小さな日越互恵条約も成立した。

あたふたしながらも、何となく支局の形が出来上がってきた。まだまだ取材に全力投球というわけにはいかないけれど、東京のデスク時代から指を折ればベトナム担当になって3年以上が過ぎていた。おでこに張り付いた「ベトナム初心者マーク」はなかなか外れないけれど。

第4章

奇人と知人と偉人と美人

白いアオザイの女性
（AFP＝時事）

カメレオン男

ベトナムでは、日本ではありえない光景にたくさん遭遇する。真っ昼間から路上で酒盛り（日常風景ですね）、バイクの5人乗り（サーカスか）、アパートの窓から降ってくるバナナの皮（ちゃんとゴミ箱に捨ててください）。もう大抵のことには驚かなくなったが、大きくのけぞったシーンがある。

これも売り物!?

ハノイ旧市街のドンスアン市場。売り物に埋もれて（念のためですが、本当に売り物です）、男性が気持ちよさそうに寝ている。それもうまくカムフラージュしていて、ほとんど景色に違和感がない。最初、私は気付かずに通り過ぎ、「あれ？　何かが現実と違う」と思って引き返したら、まぎれもなき現実だった。

ベトナムでいろいろご苦労されている方からよく「東京に報告しても『ウソだろ』と信じてもらえない」という話を聞く。だから「日本とベトナムは違う」という証拠写真にでもなればと、男性に許可を得ずに撮っちゃいました。許可の取りようもなかったし。

つねる女

ハノイがドンスアンなら、ホーチミンで一番大きい市場はベンタイン。さすが商都だけあって、「買いたきゃ買えば」というハノイとぜんぜん違う。入るなりアオザイ娘が日本語で「買って～買って～」とすり寄ってくる。

ベンタイン市場

アオザイ娘ならまだしも、男の売り子から「安いよ～」と腕を引っ張られたときは、抱きつきスリが多いと聞いていたので緊張し、思わずカメラを抱きかかえた。

ここのテナント料は銀座並みとも言われ、店子も必死だ。押し売り攻勢は引きも切らず、さっきから扇子を手にしつこく付きまとってくるお姉さんがいる。「いらない」と言うと、日本語で「何でやねん！」と怒る。今度は箸を持って来たので断ると、二の腕を思い切りつねられた。この「つねる女」は有名で、ベンタインに行った日本人が口をそろえて「いたいた！」と言う。

普通なら「やれやれ」と苦笑する場面だが、そのとき私は急にうら悲しくなってしまった。腕ではなく、心にちくりと痛みを感じたからだ。何なんだ、このお姉さんは。無垢《むく》で純真なベトナム女性はどこへ行ってしまったのだ。この国はかなり背伸びした経済成長と引き換えに、俗化も相当進んでいる。

あらあら、とお姉さんから失笑されてしまうかもしれない。勝手に私たちを美化されても困るわ。成長しろと言っているのはあなたたち世界のお友だちじゃない。経済的に豊かになるには貪欲でなくちゃ、そうでしょ？

確かにそうには違いないのだけれど。

記者稼業異聞

ベトナムの記者は、日本と少し違う。すべてのメディアは国公営だから、みんな公務員ということになる。情報通信省によると、報道機関はネット系まで含めると約８００社もあって、すべて国や地方自治体、共産党組織などの広報媒体とも言える。

中央直轄はベトナム国営通信（ＶＮＡ）、ベトナムテレビ（ＶＴＶ）、ベトナムの声放送（ＶＯＶ）の３社で、政府広報の役割を担う。報道内容は厳しくチェックされ、間違った記事を書くと記者に罰金が科されることもある。

取材される側にも規制がかかり、民間企業が記者会見を開くには当局の許可を得なければならない。ただし、これは「ベトナムのルール（努力目標）」で、あまり徹底されていないようだ。

何かと大変なベトナムの記者だが、うらやましい面もある。例えば企業の新製品発表などは、その日のうちに記事を書かない。ある日系家電メーカーの発表会では大きな丸テーブルにビールやワインが並べられ、記者がぐびぐびやっているので「大丈夫かな」と要らぬ心配をしていたのだが、種明かしは余裕の締め切りにあった。ちなみにこの発表会の記事が新聞各紙に出そろうまで、1週間ほどかかったとか。

日系家電メーカーの新製品発表会場

羨望《せんぼう》の事実はほかにもある。こういう発表会では記者に「金一封」を包むという慣行だ。金額はまちまちだが、大企業なら100万ドン（約5000円）程度入っているそうで、ベトナムの物価水準ではけっこうな余禄である。記者はまず会見場のトイレに駆け込んで中身を確認し、どれくらいの記事を書くか〝査定〟するとか。ああ神様、次に生まれてくるときはベトナムの記者にしてください。

いや待てしばし。やっぱり政府や共産党の批判をできないのは窮屈だし、罰金ならまだしも、当局の意にそわない記事を書けば逮捕されることもある。

余裕の締め切りや発表会の「金一封」も魅力的だが、言論の自由は民主主義を支える屋台骨であり、記者の拠りどころだ。そう自戒する。

キラ星

ベトナムの若いキラ星たちと話す機会が、2度続けてあった。一つはハノイの日本大使館で行われた文科省国費留学生の壮行会で、超難関の試験をクリアした「選ばれし者」たちが日本行きを前に、自分たちの夢を聞かせてくれた。

まず驚いたのは、日本文化研修プログラムに参加する学生の日本語能力の高さ。たった数年間の勉強で、なぜ彼女（16人全員が女性だった）たちは私の質問にすらすら答えられるのだろう。こちらはタクシーの運ちゃんにやっと「右」「左」が通じて喜んでいる程度なのに。

さらに大学推薦枠の精鋭（ある程度社会経験を積んだ後で日本の大学院に進む）は「もうすぐ私の書いた本が出ます」とか、都市計画や地質構造学まで解説してくれた（こちらは18人中8人が男性で、言葉は主に英語だった）。まさにこれからベトナムを背負って立つ人材だ。

日越逆転

もう一つの機会は、静岡県立大学の五島文雄教授に招かれた教え子たちの食事会だった。こちらは「五島スクール」で学んで帰国し、ハノイで活躍している先輩組だ。日系企業で、あるいはフリーランスで、通訳、会計士、システム・エンジニア（SE）などみんな「ハイクラスの仕事」に就いている。日本語はほんどパーフェクトだ。

日本留学生のいわば「ビフォー&アフター」を見て、実に頼もしく思うと同時に、つと冷や汗が出た。こんなに優秀な若者がたくさんいて、日本はそう遠くない将来に追い付かれ、追い越されちゃうんじゃないか。

日本留学の壮行会

「そんなばかな」と笑い飛ばす人がいるかもしれない。「ベトナムのGDP（国内総生産）は日本の20分の1以下だぜ」と。でも、日本のGDPがこれほど早く中国に抜かれ、一気に水をあけられると、だれが予想しただろうか。
少なくとも私は、五島チルドレンのSEに負けた。彼の給料は、私が彼の年齢のときにもらっていた水準を上回っている。ウチの給料はデフレでぜんぜん上がらないので、単純比較できると思う。とてもミクロの属人的レベルではあるが、日越逆転現象はもう始まっているのである。

翻訳の定職を持たない多崎つくると、彼の通訳の日々

村上春樹氏の長編小説『色彩を持たない多崎つくると、彼の巡礼の年』（文藝春秋）のベトナム語版が出版された。たまたま翻訳者が私の知人で、ハノイで行われた出版記念イベントに招かれた。

翻訳者はルオン・ベト・ズン氏。大阪外国語大（現阪大）に国費留学した、ベトナムで指折りの日本語使いである。日越の会議やセミナー、視察ミッションの通訳として引っ張りだこだ。

初の日本語「直訳」

イベントでは驚いたことが幾つかある。まず、ベトナムでも多くの村上作品が出版されているが、日本語から直接翻訳された長編小説は『多崎つくる』が初めてということ。例えば『ノルウェイの森』（講談社）は英語、『国境の南、太陽の西』（講談社）はフランス語、『世界の終わりとハードボイルド・ワンダーランド』（新潮社）はドイツ語、『1Q84』（新潮社）は中国語から翻訳された。

ズン氏は「英語やフランス語なら、ある程度決まった訳し方がある。でも日本語は文法がまったく違うし、自分で試行錯誤を繰り返すしかなかった」と苦労話を打ち明ける。

二つ目の驚きは、出版記念イベントとは、翻訳者のサイン会だったということ。ベトナムで

『多崎つくる』の出版記念イベントでサインする翻訳者のズン氏（右）

は外国の小説を出版する際、よくある演出という。日本でも『ハリー・ポッター』（静山社）の松岡佑子さんがサイン会やトークショーを開いているが、どちらかというと「翻訳者＝黒子」のイメージを抱いていた私には新鮮だった。

三つ目は、いまさら驚くことでもないのだが、村上作品の人気ぶり。会場ではズン氏のサインを求めて並ぶ列が1時間ほど続いた。小学校教員のチャン・トゥイさん（女性）は「村上作品は大好き。魂の一番深いところを、洗練された文章で描写している」とひとしきり熱く語ってくれた。

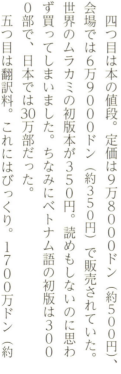

最低賃金と1日200ドルの仕事の違いとは

四つ目は本の値段。定価は9万8000ドン（約500円）、会場では6万9000ドン（約350円）で販売されていた。世界のムラカミの初版本が350円。読めもしないのに思わず買ってしまいました。ちなみにベトナム語の初版は3000部で、日本では30万部だった。

五つ目は翻訳料。これにはびっくり。1700万ドン（約8万7000円）ぽっきりで、何部売れても印税なし。あの深遠なムラカミ・ワールドを日本語で理解し、かみ砕き、文学的なベトナム語に置き換える作業は、高度な専門技術が要求される上、時間も数カ月はかかるはずだ。これではまるでベトナムの最低賃金にちょびひげが生えたような水準ではないか。

ズン氏は日本絡みのイベントの通訳を引き受ければ、1日軽く200ドルは稼ぐ。「翻訳では生活できない。趣味でやっている」という。ベトナムでは知的財産権の保護が弱く、本を出版してもすぐコピー品が出回るという、出版社、そして作家や翻訳家泣かせの業界事情もある。

白状すれば、私も街角のコピー屋さんにはヒトカタならぬお世話になっている。どんなに分厚い専門書でもあっというまにコピーして製本までしてくれる。ズン氏にサインしてもらった本と、自分のペンを、じっと見つめてしまう。

助手様様

ハノイ支局の助手が交代した。これまで働いてくれた助手が家族の都合で転居したためで、しばらく後任探しであたふたしていた。後任は友人のつてで7人を面接し、改めて思い知らされたのは、ベトナム人の過大な自己宣伝ぶりだ。

Aさんは「大手日系企業で日本語の翻訳をしていた」という触れ込みだが、私の日本語がほとんど理解できなかった。Bさんは履歴書に「日本語検定N1取得予定」とあったが、N2も持っておらず、会話はN3レベルだった。Cさんは今の職場で、こちらが提示した給料の3倍をもらっているという。それほどメディアの仕事がしたいのかと思えば、「御社はどんな仕事をしているのですか」と聞く。

さすがにげんなりだが、最後に面接したTさんは別格だった。ベトナムの最大手紙トイチェで記者として働いた後、イギリスの大学に留学してジャーナリズムを学んだ女性だ。このキャリアにしてウチの給料でOKというのは、ひょっとして当局から……と勘繰りたくなるが、それならそれでいい。即採用を決めた。

ビン計画投資相（右）に食い下がるわが助手

大臣に突進

彼女の勤務初日は、ブイ・クアン・ビン計画投資相の記者会見に連れ出した。地元メディアオンリーの会見だったから、英文の質問を書いて渡し、ベトナム語で聞くよう指示した。もぐり込んだ外国メディアはたぶんウチだけで、彼女も私も手を上げてアピールしたが、「何でお前らがここにいるんだ」という感じで指名してもらえなかった。

会見終了後、諦めて帰ろうとすると、彼女は「行きましょう」と言って大臣に突進し、大物閣僚を改めていすに座らせ、質問をぶつけた。地元の記者たちも集まってきて、「会見パート2」が開かれ、私もお裾分けにあずかって幾つか質問できた。そして、ベトナムが日本の経団連と協力を強化し、年次会合を立ち上げるという小さなスクープ記事を書くことができた。

たいしたものである。記者の重要な資質の一つは、あっけに取られるくらいのずうずうしさと行動力だ。彼女はひょっとして私より上かもしれない。英語はとても流ちょうだし、腕利きの助手を採用できてうれしい半面、ちょっとたじろいでいる。

美田を買わず

ハノイで開かれた「日本留学フェア」を取材した。メリアホテルの一番広いボールルームでも収まらず、廊下にまで張り出した日本の大学や日本語学校の85ブースには学生ら約1300人が訪れ、留学生の受け入れ体制や支援制度の説明に熱心に耳を傾けていた。

日本のベトナム人留学生数は、中国に次いで2番目。日越外交樹立40周年関連イベントや「クール・ジャパン」戦略が奏功し、留学希望者は増える一方だ。ある男子学生は会場で「将来は日本語の研究家になりたい」と目を輝かせた。

会場の別室ではセミナーも開かれ、そのうちの一つは悪徳留学あっせん業者がテーマだった。講師を務めた日本大使館の担当官によると、「日本に行けば働きながら勉強できる。生活費も学費も賄える上、本国にも送金できる」などと甘い言葉で誘い、高額な留学費用を巻き上げるエージェントが複数あるという。

学生でごった返す日本留学フェアの会場

もちろん現実はそんなに甘くない。留学ビザでは原則として働けないし、労働（資格外活動）許可を取っても、日本語ができなければ雇ってくれる会社は少ない。運よくアルバイトにありついたとしても、まっとうな仕事なら生活費を稼ぐのがやっとだ。

若き助手の見識

これは人ごとには聞こえなかった。私が取材で知り合ったベトナム人の息子さんは、日本の地方都市に留学している。悪徳エージェントにだまされたケースではないのだが、その知人が事故に遭い、息子さんに送金できなくなってしまった。悪いことは重なるもので、同じころ息子さんはバイト先をクビになった。

息子さんが通う日本語学校の授業料は、半年で27万円。これを払わないと退学処分になってしまう。何とかしてあげられないか。私は、比較的お金に余裕のありそうな日本人の知り合いに相談し、27万円を無利子で息子さんに貸してあげる了解を取り付けた。返済期限はない。要するに見返りを求めない人助けである。

そのことをわが助手に伝えると、即座にストップをかけた。「そんな援助をしては彼のためにならない。もっと困っているベトナム人留学生はたくさんいる。まず彼の自助努力を促すべきだ。とりあえず私は彼に100万ドン（約5000円）送る。それで様子を見ましょう」。まさに西郷隆盛の名言として知られる「児孫《じそん》のために美田を買わず」である。

がんばれ留学生！

わが助手は極めて優秀だが、申し訳ないことにウチの給与はその能力に見合った水準ではない。まだ20代だし、彼女にとって100万ドンは大金だ。他力本願で篤志家の気分になっていた自分が恥ずかしい。

その後、息子さんは別のアルバイト先を見つけ出し、必死に学費をかき集めて支払い、日夜勉学に励んでいると聞く。彼の実家は依然として大変な状況だが、何とか踏ん張って学業をまっとうしてほしい。

ベトナムだけでなく、世界から集まる日本の留学生は、彼と同じような苦学生も多いだろう。どうかがんばって、将来は強固な日本との懸け橋になってほしい。みんなで応援しましょう！

ノーベル賞と偉人輩出のまち

ベトナム国家大学ハノイ校は、ノーベル物理学賞受賞者の益川敏英・名古屋大学特別教授に名誉博士号を授与した。その厳かな授与式で、私は一人で吹き出してしまった。

名大の浜口道成総長との公開対談で、総長が「天才は教育で作られる」と強調すると、益川教授は「忘れた頃にやって来る」とオヤジギャクで茶々を入れたのである（それは天災でしょ!）。

名誉博士号の授与式でスピーチする
益川敏英教授（時事）

自分が主人公の、しかも外国の最高学府での厳粛な式典である。通訳は意味が分からずポカンとしている（このシャレを同時通訳できる人物がいたら、それはまぎれもない天才だ）。私はいっぺんで、相当に場違いなギャグを平然と言ってのける教授のファンになった。

空気を読まないオヤジギャグもさることながら、益川教授の言葉には強い風圧がある。教授は学生時代、ベトナム反戦運動や1960年日米安保闘争に奔走した。「常に平和を考えなければ一流の科学者ではない。学問と平和は別の道ではない。南ベトナム解放民族戦線の勝利に勇気をもらいながら、日本の平和について考えてきた」という。

平和賞を辞退したレ・ドク・ト氏

ノーベル賞といえば、1973年には米国のヘンリー・キッシンジャー氏とベトナムのレ・ドク・ト氏への平和賞授与が発表された。ベトナム戦争の終結を定めたパリ和平協定を成立させたことが理由だった。

ト氏は1911年ナムディン省生まれ。29年にインドシナ共産党（現ベトナム共産党）に入党し、55年に政治局員。68年からパリ和平交渉に臨み、キッシンジャー氏らとタフな駆け引きを続け、5年近くに及んだ交渉妥結にこぎ着けた。

パリ和平協定妥結で握手するレ・ドク・ト氏（左）とキッシンジャー氏（AFP＝時事）

パリ協定は73年1月27日に正式調印された。しかし、調印後も戦闘は続き、75年4月30日のサイゴン陥落まで国民は戦火にさらされた。このため、ト氏は「まだ戦争は終わっていない」と受賞を辞退した。世界広しと言えど、過去にノーベル平和賞を辞退したのはト氏だけだ。

外交評論家の金子熊夫氏（元サイゴン駐在外交官）は「ベトナムの革命第一世代には立派な人格者が多い。オバマ米大統領が、就任早々プラハで『核兵器なき世界』について演説しただけで、実績もないのに平和賞をもらったのとは極めて対照的。ト氏の清廉潔白さ、政治家として筋を通した見識の高さに脱帽する」と絶賛している。

故郷に記念館

ト氏は1990年に78歳で亡くなったが、103回目の生誕日に当たる2014年10月10日、故郷のナムディン省にレ・ドク・ト記念館がオープンしたので、私も訪ねてみた。

レ・ドク・ト記念館

記念館はゲストハウスを含めて3棟あり、参拝室や展示室にはト氏の革命活動65年間の業績に関する写真や遺品が展示されている。外国人が来たというので、ト氏の親戚というファン・ディン・ザウさんもわざわざ来館し、トおじさんとの思い出話を聞かせてくれた。

ナムディン省はト氏のほか、ベトナム共産党第2代書記長のチュオン・チンら指導者を輩出していることで知られる。現役の政治局員でも、ディン・テー・フイン党中央宣伝教育委員長、ファム・ビン・ミン副首相兼外相と18人中2人を占める。8人も首相を出した山口県みたいだ。

ナムディンは13世紀に成立した陳《チャン》朝の本拠地で、歴史の古い

ホー・チ・ミン主席の写真を指さすビン氏

由緒あるまち。ハインティエンなどの村々では「おらが神童」が科挙に合格すると、村を挙げてお祭りを催した。ナムディンの人々は今でも、教育にとても熱心という。

アオザイの闘士

グエン・ティ・ビン元国家副主席。南ベトナム共和国臨時革命政府（南ベトナム解放民族戦線）の外相としてパリ和平協定に調印し、「アオザイの闘士」と呼ばれた女傑だ。北のレ・ドク・ト氏とタッグを組み、キッシンジャー氏らを相手に一歩も引かなかった。

ビン氏の祖父は若者を日本に留学させる「東遊《ドンズー》運動」に尽力したファン・チュー・チン。学生時代には愛国運動のデモに参加して逮捕され、獄中生活を送る。解放戦線が結成されるとすぐに参加し、世界最強の大国に敢然と立ち向かった。南北が統一されたベトナムでは教育相、そして国家副主席を歴任。まさにベトナム近代史の生き証人だ。

そんな伝説の人物を間近で取材した。パリ協定締結40周年を記念して企画された写真展の開幕式の主賓として招かれ、テープカットを行った。どんなすごい人だろう、と思っていたけれど、「闘士」は清楚《せいそ》な85歳のおばあちゃんだった。

ビン氏はしっかりした足取りでハノイの美術・写真展示場を見て回り、大先輩の「同志」だったホー・チ・ミン主席やボー・グエン・ザップ将軍の写真の前で、案内係に逆に当時の状況を説明していた。パリ協定調印の場面に来ると、「交渉は30分で終わると思っていたけど、4年以上もかかったわ」と感慨深げだった。

パリ和平協定40周年記念式典であいさつするビン氏（EPA＝時事）

ベトナム和平交渉はパリで1968年5月に始まったが、南北統一や停戦をめぐって協議が難航し、73年1月27日の調印まで会談は合計202回に及んだ。

ビン氏は帰り際、写真展の記帳ノートの第1ページに、こう記した。

〔パリ協定の勝利は、南北ベトナムの人民の勝利だった。軍事的な勝利だけでなく、外交の勝利でもあった。

この機会に、平和と自由と正義を愛し、私たちの国家の解放を支援した世界の数十億の人々を思い浮かべる。2013年1月23日　グエン・ティ・ビン〕

平時の方が戦時よりも難しい！

後日談だが、この年の8月、ビン氏の回想録『家族、仲間、そして祖国』の日本語版（コールサック社）が出版された。幼少期にベトナム人をばかにしたフランス人の子どもと大喧嘩した武勇伝、夫とのラブストーリー、戦争の日々、和平交渉、そして祖国再建。激動の歴史の渦中にあり、その歴史を自ら動かした当事者が、ストレートに苦悩や喜びを綴《つづ》っている。ベトナム統一後の誤った社会主義化政策にも歯に衣を着せていない。ひと昔前なら禁書扱いだったろう。

特に興味をひかれたのは、苛烈な戦火をくぐり抜けてきたビン氏が「平時の方が戦時よりも難しい！」と吐露していることだ。ビン氏は現在も平和・開発基金会長やベトナム枯れ葉剤被害者の会の名誉会長などを務めている。祖国発展への悩みはつきない。

ビン氏は自分に言い聞かせるようにこうも書く。「人生とはこういうものです。機会が大きくなればなるほど困難で、挑まなければならない課題も増えます」。

めちゃくちゃかっこいい。ベトナムの女性は強い。

ニッポンの底ヂカラ

ハノイで続けて開かれた二つの音楽イベントをのぞき、ニッポンの底ヂカラを再認識させられた。

まず、ベトナム国立交響楽団（ＶＮＳＯ）の定期コンサート。ＶＮＳＯの音楽監督兼首席指揮者としてベトナムのミュージックシーンを引っ張る本名徹次マエストロがベルディのレクイエムを振り、荘厳な調べがオペラハウスに響き渡った。

ベルディ・レクイエムのコンサート

国際協力機構（ＪＩＣＡ）専門家の花里信彦氏の奥様、ちえさんはレクイエムで声楽コーチを務めた。ちえさんはベトナム国立オペラ・バレエ（ＶＮＯＢ）を指導するプロだ。

レクイエムで客席から演奏する「バンダ」の一員としてトランペットを吹いたのは、ベトナム住友商事の奥山宏氏。奥山さんはジャカルタでもジャズバンドで演奏していた。

コンサートには、合唱の演目に欠かせない存在となった日本人コーラスグループ「ハノイ・フロイデ合唱団」や、「インターナショナル・コアー」のメンバーとして多くの日本人が参加した。

フロイデのリーダーは、大手輸送機械メーカー、エクセディの坊向敏和氏。母校である同志社大学のグリークラブで指揮を任され、80人の部員を束ねた。フロイデは孤児院や老人介護施設への訪問公演も行っていて、最近では各地のイベントから出演依頼が来る本格的な合唱団に育て上げた。

坊向さんの奥様、良子さんはソプラノ歌手で、VNOBに所属する唯一の日本人メンバーだ。

国は人

続いてハノイ旧市街のカフェ「MANZI」で開かれたミニコンサート。ここでは、坊向氏が勤めるエクセディの研修生、小寺宏幸氏が奏でるピアノに圧倒された。小寺氏は「趣味」と謙遜するが、彼の幻想即興曲はそんな領域ではなく、ピアノ線に火が付きそうだった。

MANZIコンサートのトリはフロイデ合唱団。コンサートの主催者はベトナム人で、出演者の国籍は問わないが、ここでもニッポンパワーがさく裂していた。

ハノイという、世界を見渡せば決して大きくはない途上国の一都市で開かれたたった2回の

ハノイ・フロイデ合唱団
指揮とピアノは坊向夫妻

コンサートで、これだけ多くの日本人が関わっている。これはすごいことだと思う。こんな光景が世界中で見られるはずだ。

音楽だけではない。私が日常的に接している方たちの中には、かつてのサッカーU-12（12歳以下）日本代表（団体職員）、甲子園出場3回（ホテル経営者）、ワインのソムリエ（団体職員）、プロの資格を持つサーファー（外交官）ら猛者がゴロゴロいる。仕事以外の特技や経験は、自分の人生をしっかり支えるよすがとなる。彼らはみんな仕事がデキル。

国すなわち人である。つまり、日本は強い。

日本のお父さん

ホーチミン郊外の屋外レストランで、考えさせられる出会いがあった。レストランに案内してくれたのはベトナムに精通している日本人ビジネスマンのN氏で、「外国人はまず来ない、地元で大人気の穴場」という。

私たちが生エビや生ガキなど、飲み込むのに少しばかり勇気がいる料理でテーブルをあふれさせていると、物乞いの母親が幼い子ども2人とすり寄って来て、やせ細った手をそっと差し出す。3人ともはだしでぼろをまとい、哀願するようなまなざしで私を見つめる。

外国人がベトナムで物乞いを目にすることはまずない。当局が観光地やビジネス街から追い出しているからだ。しかしここまでお上の目は届いていない。

私は1万ドン（約50円）でも渡してお引き取り願おうかとポケットを探ったが、N氏から制止された。「お金を渡しても何の解決にもなりません。福祉や援助でよく言われることですが、魚をあげるのではなく、魚の取り方を教えるべきでしょう」。私はN氏の言う通り無視することにした。母子はしばらくすると、幽霊のようにふらふらと立ち去った。

N氏はパワーの塊のような人で、ベトナムの大学で日本語教室を開いたり、ロンアン省で越日専門学校を設立したり、「釣りざお」づくりを実践している。

大盛況のレストラン

でも、あれでよかったのだろうか。私は慈善家でも博愛主義者でもないが、今でもあの母親と幼子の青黒い顔を思い出す。魚をあげれば取る努力をしなくなるという理屈は分かるが、1万ドンでもあれば母子は少しでもおなかを満たすことができただろう。

特別大使

ベトナムには、魚の取り方も教えるし、魚も気前よくたくさんあげる日本人がいる。歌手・俳優の杉良太郎氏だ。「流し目の杉サマ」（こう呼ばれることを本人は嫌うが）と多くの女性ファンを魅了する名優は、20歳でデビューした芸能歴よりも、15歳から続けている刑務所慰問など福祉活動歴の方が長い。

バックラー孤児院で子どもたちに囲まれる
杉良太郎氏（事務所提供／時事）

「ベトナム人は純粋で、信義に厚くて、日本人との共通点がとても多い。だから引き付けられる」と話す杉氏には、インタビューをはじめ取材で何度もお会いしている。たくさん伺った感動的なエピソードから一つ紹介します。

1989年にハノイのバックラー孤児院を訪問したとき。おもちゃやチョコレートを山のように持っていった。そこに男の子3人、女の子1人の4人きょうだいがいて、「おいしいよ、食べなさい」と何度勧めても、じっとチョコを持っているだけで食べようとしない。

しつこく理由を聞くと、「（チョコなどの物ではなく）お父さん、お母さんがほしい」と言った。杉氏はその言葉を聞いてショックを受け、人目もはばからず声を上げて泣いた。そして「自分が父親になろう」と決めた。

その4人が初めての里子だった。女の子は現在、杉氏が設立した日本語センターで職員として働き、男の子の1人は新聞記者になった。里子はどんどん増え続け、今では150人以上の子宝に恵まれる「日本のお父さん」だ。

杉氏は長年、私費を注ぎ込んで世界各国で福祉活動を続けているが、ベトナムには特別の思いを寄せる。その功績が認められ、日本とベトナム両国政府から「特別大使」を委嘱され、本職の歴代大使に勝るとも劣らぬ活動を続けている。

見返りを求めない

杉氏に「あなたにとって福祉とは何ですか」と聞くと、すぐにこう答えた。

「100%純粋であり、何ら見返りを求めないもの。見返りを求めた途端に立ち行かなくなってしまう。売名行為だと言う人がいる。私ははいそうですと認める。ではあなたも同じことをやってみてくださいと」

同じことはとてもできない。でも、小さいことなら、たぶん誰でもできる。

赤ひげ先生

ベトナム政府は2014年12月、日本の「赤ひげ先生」に、外国人に対する最高位の「友好勲章」を授与した。手弁当でベトナム中を飛び回り、ボランティアの眼科治療を続ける服部匡《ただ》志《し》医師だ。

ベトナム友好勲章を胸にあいさつする赤ひげ先生

服部氏とベトナムとの関わりは、2001年に京都で開かれた学会がきっかけだった。そのとき知り合ったベトナムの医師が眼科治療の窮状を訴え、「あなたの技術で何とか助けてほしい」と懇願された。当時から腕利きの眼科医だった服部氏は、居ても立ってもいられずハノイに飛び立った。

まず、お粗末な医療設備に衝撃を受ける。そしてマンションを買おうと積み立てていた頭金を取り崩し、ポケットマネー数百万円で眼内内視鏡やレーザー機器をそろえた。それからは日本とベトナム半々の生活。日本の医療活動で得た資金をベトナムに注ぎ込み、これまで約1万7000

人を無償で治療した。日本の内閣府もその功績を認め、「世界で活躍し『日本』を発信する日本人」として表彰している。

だれもが聞く。「なぜそこまでするのですか」。服部氏は当たり前のように答える。「だって目の見えない人がいて、貧しいけれど『助けて』って言われたら、そういう人こそ助けるのが医師じゃないですか」。

服部氏はベトナムに住む日本人なら知らない人はいないと思う。内外の新聞やテレビなどあらゆるメディアが、その活躍ぶりを大きく取り上げてきた。私もロングインタビューを7回にわたって連載した。

しかし赤ひげ先生は手術でめちゃくちゃ忙しい。きょうハノイに入って、あすはクアンニン省、あさってはビンフック省、そしてまた風のように日本に舞い戻る。だからインタビューは、先生の都合に合わせ、居酒屋で、病院で、自宅兼事務所のビルで、メールのやりとりで、こま切れに話を聞いた。

あるときインタビューの日程調整で、突然先生から電話がかかってきた。

「高橋さん、きょう来れる？　やっと時間があいて、今なら大丈夫なんだけど」「えーと、すみません。きょうはちょっと無理です。ハノイにいないんです」

その日は2015年の元旦で、私はフーコック島のビーチで寝転んでいた。赤ひげ先生には盆も正月もない。

アオザイ美人の仮説Ⅰ　ぽっちゃり化

ベトナムの女性は美しい。美しいというか日本人より小柄でスリムでとてもキュートだ。だから体のラインを引き立てるアオザイがとてもよく似合う。アオザイ美人ににっこりほほ笑まれると、年がいもなくどぎまぎしてしまう。私にほほ笑んでくれるのは観光地の土産物屋くらいだが……。

テト用品を選ぶアオザイ美人

しかし、ここで一つの仮説を立ててみたい。

〔スリムでキュートなアオザイ美人は、近い将来に3割減る〕

なぜか。食生活の変化である。

ベトナム料理は独自のコメ文化に隣国の中国、さらには植民地時代のフランス食文化の影響を受けた実に多彩なごちそうだ。ただ、基本的にハーブや野菜をふんだんに使う「草食系」だし、アオザイ美人が毎日フルコースを食べるわけでもない。要するに彼女たちのカロリー摂取量は低いのだ。

ところが、経済成長に伴う所得向上と雪崩のような外資の流入で、これまでフォーをすすっていた娘さんが、ハンバーガーやピザを食べるようになる。ちなみにロッテリアやケンタッキー・フライド・チキン、ピザハットは大人気である。

そして、彼女たちに少しずつお肉が付く。体のラインを隠したくなる。あっという間にスリムなアオザイ美人が3割は減る。どうだろう。自分では数学の新たな定理を発見したような気分なのだが。

さて、近い将来に3割減った後は、踏みとどまった7割の彼女たちのダイエットに期待したい。

アオザイ美人の仮説II　ウエストのくびれ

ベトナム女性の多くはほっそりとした柳腰である。力いっぱい抱きしめたら折れてしまうのではないかと心配になるくらいだ。私にそんな状況が起こりえないことは百も承知しているが、ベトナムの力自慢の若者には注意してもらいたい。

なぜあんなに細いのか。カロリーの低い草食系のベトナム料理、スリムでなければ似合わな

月光仮面も顔負け

いアオザイの伝統。理由は幾つかあるのだろうが、私は**〔ベトナムのバイク天国が続く限り、アオザイ美人のウエストのくびれは維持される〕**と信じている。

袖をすり合うほどバイクで密集した道路を、日本人の私から見れば「何でもあり」の交通ルールに従って運転するのは、相当な運動神経が求められるはずだ。体全体のバランスを取る腰は常に緊張し、ぜい肉がそぎ落とされる（おなかの出たおじさんもいるが、男性には興味がないので考察の対象外）。

つまり、アオザイ美人は乗馬運動でウエストを引き締める、ロデオマシン・エクササイズを日常生活で無意識に繰り返しているのである。

この「くびれの仮説」の精度を立証するために、私は女性ライダーのしなやかな腰付きから目が離せなくなった。それにしても、中年になるとどうしてこう視線が無遠慮になるのだろう。

アオザイ美人の仮説Ⅲ　おみ脚の露出と事故率

暑い。ハノイは30年ぶりの猛暑だそうで、40度を超える日も珍しくない。バイクの洪水のまちなかの体感温度はたぎるようだ。バイクのアオザイ美人を観察すると、「日焼けを嫌って肌を隠す派」と「空冷効果を優先しておみ脚をさらす派」に分かれている。

おみ脚をさらす派（EPA＝時事）

いったい「おみ脚をさらす派」の彼女たちは、ミニスカートや水着のようなホットパンツでバイクにまたがるという行為が、どれほど男心を惑わせるか分かっているのだろうか。私の場合、良心に従えば目のやり場に困るし、本心に従えば目のやり場だらけでやっぱり困る。

自称「アオザイ美人研究家」である私はこれまで二つの「仮説」を打ち立てたが、毎日美脚の景色を眺めているうちに、ついに第3の仮説に到達した。

〔アオザイ美人の肌の露出度と交通事故発生率は比例する〕

考え過ぎだろうか。こじつけだろうか。でも、この国では若者の死亡原因トップはバイク事故だ。交通警察はヘルメット着用義務化の次に、バイクのミニスカート禁止条例を施行すべきではないだろうか。自分で書いていて、暑さで頭がやられたかな、と思わないでもないけれども。

皆様。アオザイ美人と交通事故にはくれぐれも気を付けましょう。

月に1度の衣替え

「アオザイ美人の仮説Ⅲ」には、読者から少なからぬ感想をいただいた。男性だけでなく、女性からも「ウチの運転手はよそ見ばかりしている。あの仮説は正しい」とお墨付きをもらった。外交評論家の金子熊夫氏からは、こんな問題まで頂戴した。

「若い女性のアオザイは上下とも白が一般的ですが、時々（ほぼ毎月1回）黒いズボンを着用するようです。な～ぜか？　ただし、これは約40年前、小生がサイゴンに住んでいたころの話で、今ではわざわざ黒いズボンをはく必要はないのかもしれません」

私はばっちり正解を言い当てた（研究家ですから）。皆さんは分かりますか？

答え

「アオザイ美人の問題」で、読者の方から「答えは？」というメールが来た。正解は……女性、月1回、ということで、お分かりですね？　白いズボンを汚すといけないからです。ただ、黒いズボンをはくと「その日」であることが分かってしまい、その後は衛生用品も格段に良くなったので、あまり一般的にはならなかった——という解説は、ベトナム人を奥様に持つN氏か

男ゴコロは白のアオザイに弱い（AFP＝時事）

ら賜りました。

それにしても皆さん、アオザイ美人が大好きなんですね。ネタ枯れで苦しまぎれに書いたのに、これまでのコラムの中で一番反響がありました。

アオザイ美人の仮説Ⅳ　言葉の魔術

ベトナム語は難しい。何しろ6声もある。「Ｍａ」の発音を上げたり下げたり止めたり伸ばしたりすると、「母」「頬」「笛」「お墓」「お化け」「暗号」「メッキ」など実にさまざまな意味を持たせることができる。

そこへいくと日本語はべったり平坦で、一休さんが「このはしわたるべからず」という看板を見て、堂々と橋の端ではなく真ん中を渡ったというトンチ話があるけれど、ベトナムでそんなことをしたら「橋と端はぜんぜん発音が違う！」とひどくお灸をすえられていたかもしれない。

そんな日本人にとって、ベトナム語の発音は両手を後ろ手に交差して背中でピアノを弾くようなものだ（だからぺらぺら喋る日本人を心から尊敬する）。私の場合、日本料理のレストランでビールを持ってきてくれた娘さんに「カムオン（ありがとう）」と言うと、「はあ？　いまなんつった？」と聞き返されるのは結構落ち込む（この場合シチュエーション的に「ありがとう」しかないだろうが！」)。発音のストライクゾーンがめちゃくちゃ狭いのだ。

そんな音感豊かなベトナム人だが、世の中に完璧な人間などいない。不思議なことに「つ」が発音できず、「ちゅ」と幼児語になる。だから「はい、ビールひとちゅ」と運んでくる。「カムオン」も分かってくれない歯がゆさが消え、ちょっと萌え気分になり、「ん？　この娘見ようによっては結構かわいいいじゃん」とメガネが曇る。

ここで急に思考が飛躍して第４の仮説が浮かぶ。

〔アオザイ美人と恋に落ちる日本人は、言葉の魔術にだまされている〕

テキは一生懸命「ちゅ」を交えながら日本語をしゃべろうとする。男はメガネが曇るから、何と言われようと善意に解釈する。たとえ「あなたのことがあまり好きではない」と言われたとしても、「嫌いではない」「いつかは好きになるかもしれない」などと能天気に翻訳してしまう。そして突き進む。

……はい、こじつけです。ネタに困ってひねり出した牽強付会《けんきょうふかい》です。お後がよろしいようで。

アオザイ美人の仮説Ⅴ　戦争と嫉妬

ベトナムの女性は嫉妬深い。

アオザイ美人と結婚した日本人と飲みに行くと、まだ夜も更けぬうちに必ず「いまどこ？」コールが入る。彼女たちはデート中に、男が他の女性を見ただけで怒る。新聞には毎日のように「阿部定事件」が載る。浮気がばれてごはんに毒を盛られ、あの世に行ってしまう人もいる。

「不倫は文化だ」とうそぶいた俳優がいたが、たぶん彼はベトナムでは生きていけない。よしんば生存できたとしても、カレ自身が何本あっても足りない。

監獄の島・コンダオ島で記念撮影する
新婚カップル

なぜ彼女たちはそれほど嫉妬深いのか。思索を重ねるうち、第5の仮説が湧き上がってきた。

〔アオザイ美人が嫉妬深いのは、戦争が長く続いたためである〕

アオザイ美人研究家としては短絡的とのそしりは免れまいが、それ以外に考えられない。

良人がいつ戦地に行ってしまうかも分からない。ならばいつも一緒にいたい。独占したい。だから情も厚くなるし、世話焼きにもなる。天下泰平が長く続き「亭主元気で留守がいい」日本とは天地の差がある。

ベトナムの男は浮気性と言われるが、あすをも知れぬ我が身なら、理性より男の本能が先走るのは自然の理《ことわり》。これも「草食系」という言葉さえ古くさく聞こえる日本とは大違いだ。

だから、出張前には夜の営みで毒気を抜かれ、帰るとまた営んで物理的にチェックされるというコワイ話も聞いた。

コワイなあ。そうつぶやくと、あるアオザイ美人が勝ち誇ったように言った。

「なんで？　浮気なんかしなきゃいいのよ」

日本人でよかった……のかな。

第5章 ベトナム点描

ハス茶をつくる女性（EPA＝時事）

テト今昔

ベトナムに赴任して初めてのテト（旧正月）はハノイで過ごした。

これは少なからぬ人から「やめた方がいい」と言われた。レストランもどこもかしこもみんな閉まってしまうので、特にすることもなく、毎日部屋にこもってカップラーメンをするか、ホテルの食事で大枚をはたくことになると。

このアドバイスは、事実とだいぶ違った。確かにほとんどの店舗は1週間ほど休業し、バイクの少ない道路がいつになく広く見えたが、ホアンキエム湖周辺の観光客相手のレストランは、しっかりテトの元旦から営業していた。ケンタッキー・フライド・チキン、ロッテリアといった巨大外資のチェーン店はもちろん、中堅どころのベトナム料理店や路上系のフォー屋さんまで幾つか開いていた。

ベトナムに長くいる人に聞くと、昔はこうではなかったという。テトは私が忠告された通り、日常のビジネス活動がすべてストップする特別な時間だった。元旦は家族が集まり、2日目は親戚が集い、3日目は友人宅を行き来してテト料理を囲み、地酒を酌み交わす。

それがいつの間にか、市場経済システムが幅を利かせるようになった。考えてみれば日本だって、昔は初売りは2日からだったが、今は元旦から福袋に行列ができる。ベトナムでもあと数年もたてば、元旦から「テト大売り出し」という大看板があちこちで掲げられるようになるのかもしれない。

外国人である私は幸運なことに、元旦はナム・バン氏、2日目はアパートの大家さん、3日目は友人の実家（ユネスコ・アジア太平洋賞を受賞したドンラム村にある旧家）に招かれるという「変則特別待遇」を受け、昔ながらのテトを満喫した。どこのお宅でも親戚や友人がたくさん集まり、「モッ・ハイ・バー！」を繰り返し……4日目はなかなか起き上がれなかった。

ハノイ旧市街でテト飾りを買い求める人たち

三方一両得

私はある国際会議の取材に向かっていた。記者会見がもうすぐ始まるというのに、タクシーが渋滞にはまってしまった。歩くよりずっと遅いスピードで進みながら、やっと会場のグランド・プラザ・ホテルが見えてきた。しかし、車はホテル側の逆車線を進んでおり、会場に到達するにはずっと先まで行ってUターンしなければならない。

事故を起こしたバイクとタクシー
バイクは歩道を走ってきた

焦っていた私は、歩いて広い道路を横切ることにし、ホテルが近づいてきたところでタクシー料金を支払い、左側のドアを開けて飛び出そうとした。

ガツン！　ドアにバイクが接触した。えっ!?　まさか！

バイクが走ってきたのは、中央分離帯の歩道である。歩道というのは人様が歩く道で、バイクなんぞが進入すべきではない。しかし「べき」も「く〇」もないのがこの国の交通ルールだ。

それでもバイクはそのまま走っていった（ように見えた）ので、私はよくある軽い接触と判断し、一目散にホテルに駆け込んだ。記者会見はとっくに始まっていたが、何とか要点だけはメモできた。

取材を終え、ほっとしてロビーに下りると、待ち構えていたホテルのガードマンが私を捕まえた。「あなたは事故を起こしたのに逃げた。いま警察が来る」。

「はあ？」状況を把握するのにしばらく時間がかかった。「そんなバカな！　バイクは走り去っただろう！」。

ガードマンは首を振った。「タクシーのドアで、後部座席の男性が膝を深く切った。いま病院で治療中だ」。

人身事故？　容疑者？　逮捕？　私は足かせをはめられて動けない、ホアロー収容所のろう人形のように固まってしまった。

後ろは国際会議会場のホテル

ベトナム式ソリューション・システム

午後6時ごろだったろうか、警察の実況見分が始まった。私は懸命に状況を説明するが、英語なのでスキーブーツの上から足を掻くようなやりとりが続く。そんなとき、頼りになるナム・バン氏の顔が思い浮かんだ。大迷惑を承知で電話すると、バン氏は父君の法事で多くの来客中だったにもかかわらず、すぐに駆けつけてくれた。

そして、警察と、バイクのけが人（既に病院から戻り、家族も付き添っていた）とてきぱきと話をまとめ、サラサラと手書きの示談書をつくり、なにがしかをそっと渡してサインさせ、「OK、帰ろう」と私の肩をたたいた。

ろう人形の表情が一変し、大阪のくいだおれ太郎のように眉を上げた。

これだけだった。本当に、これで全部終わりだった。示談金と警察への「手数料」は、ぜんぶで400万ドン（約2万円）くらいだという。けが人は治療費より多いお金をもらって満足、警察はもちろん袖の下でハッピー、私は何らおとがめなし、という「三方一両得」の大団円だ。

素晴らしい。いつも汚職撲滅だコンプライアンスだと偉そうなことを書いているくせに、この日ばかりはとても便利で効率的な「ベトナム式ソリューション・システム」が有り難かった。

アーセナル観戦記

ハノイのミーディン競技場で行われたサッカーのイングランド・プレミアリーグ、アーセナル対ベトナム代表の試合を見てきた。

私はサッカーが大好きで、実家近くの鹿島アントラーズのサポーター。だから、このひと月ほど前に行われた鹿島対ベトナムU－23（23歳以下）代表の試合ももちろん大興奮で取材したのだが、何もかもが違っていた。

鹿島はメディアにもほとんど取り上げられなかったのに対し、アーセナルは空港到着から大騒ぎ。チームバスを追い掛けて選手と「夢の面会」を果たした男性は、ちょっとしたヒーローになった（バスの中では選手たちが男性の脚力に舌を巻き、「彼と契約しろ！」と合唱が起きた。その動画もネットで注目を集めた）。

ミーディン競技場は超満員。鹿島戦はスタンドの記者席に私を含めて5人しかいなかったが、アーセナルは100人くらいいたと思う（私の隣はなぜか自動車専門誌の記者だった）。プレスパス（記者証）は、鹿島戦は会社名と名前だけ記載されていたが、アーセナル戦は記者の顔写真付き。超VIPが集う国際会議並みだ。

超満員のミーディン競技場（AFP＝時事）

鹿島はU－23と2－2で引き分けたが、アーセナルはフル代表に7－1で圧勝。これがJとプレミアの厳然たる実力差なのだ。素人目で見ているだけで「蹴る」「止める」の正確さが大人と子どもほど違うことがはっきり分かる。

がんばれ宮市選手

アーセナルの試合では私の一番のお目当て、宮市亮選手が後半に26分間出場した。左サイドからアタックを仕掛ける場面もあったが、得点には絡めなかった。宮市選手は昨季、ウィガンに期限付き移籍していたから、チームメートとの連係に難があるのは仕方がない。でも、どことなくプレーが遠慮

記者でごった返す試合後の記者会見場

がちで「軽い」印象を受けた。もう少しがつがつとアピールする動きがあっていい。

などと無責任な素人ファンは勝手な注文を付けるが、彼は当時まだ20歳。異国の地で1人、日本サッカー界の期待を背負う重圧はいかばかりだろう。私のハタチの頃のぐうたらでチャランポランな毎日を重ね合わせるまでもなく、本当に頭が下がる。心から「がんばれ」と応援したい。がんばれ！　負けるな！　宮市！

＊宮市選手は２０１７年シーズン、ドイツ・ブンデスリーガ２部のＦＣザンクトパウリに所属。

龍を渡る

ハノイのハン川に架かるロンビエン橋。フランス統治下の１９０３年にパリのダイデ&ピル社が建設したハノイ最古の鉄橋で、彼らはその優美な姿を自賛して「横たわるエッフェル塔」と呼んだ。ベトナム戦争時はハノイとハイフォン港を結ぶ交通の要衝だったため、何度も米軍の爆撃を受け、そのたびに修復されてきた傷だらけの、しかしとてもタフな橋梁だ。

ロンビエン橋は鉄道と二輪専用で、車は通れない。全長１６８２メートルのその鉄橋を、酔狂にも歩いて渡る人たちがいる。もちろんすぐ近くに行くのもバイクを駆る地元の人ではなく、歴史好きな旅行者か、ちょっと冒険してみようというベトナム在住の外国人だ。最近では取り壊しも議論され「いつまでもつか」という老橋だから、「今のうちに」と静かなブームになっている。

ハン川に架かるロンビエン橋

ならばと私も歩いて渡ってみた。歩道は幅80センチほどで、コンクリート板が敷いてある。ところどころ板の間隔が少し空いていて、子どもなら足を踏み入れてしまいそうな場所もあり、ハン川を眼下にスリル満点。ディーゼル列車が轟音とともに通るとぐらぐら揺れて、ほとんど恐怖だ。

ロンビエンは漢字で「龍辺」と書く。さびて赤茶色になったごつごつとした鉄骨は、エッフェル塔というよりは龍のたてがみを思わせ、列車が走り抜けるときは、火を吹きながら咆哮《ほうこう》するドラゴンに乗ってハン川上空を飛翔している気分になった（そのくらいコワかった）。

中ほどには踊り場のような場所があり、鉄柵越しにハノイの街並みを眺めると、なるほどここは河内《ハノイ》だなと納得させられる。バイクも停められるから夜はカップルのデートスポットになり、相合傘マークのような落書きがたくさんあった。

ロンビエン橋はハノイ都市鉄道プロジェクトの計画路線に組み込まれていて、威容を誇る鋼《はがね》のドラゴンも開発の波にのまれてしまうかもしれない。何とかうまく保存してほしい。

マクドナルドと戦争

マクドナルドが2014年2月、ベトナムに第1号店をオープンした。これでベトナムと中国は戦争をしないだろう。こんなマジメな「理論」があるのをご存じだろうか。

言い出しっぺは、ニューヨーク・タイムズ紙の記者としてピュリツァー賞を3回も受賞したアメリカのトーマス・フリードマン氏。彼は著書『レクサスとオリーブの木』（草思社）で、「ある国の経済が、マクドナルドのチェーン展開を支えられるくらい大勢の中流階級が現れるレベルまで発展すると、（中略）国民はもはや戦争をしたがらない」という「黄金のM型アーチ理論」を提唱した。

フリードマン氏は「（グローバル化による）経済統合が進んだおかげで、戦争の代価は、勝者にとっても敗者にとっても、はるかに高くつくようになっていたし、この事実をあえて無視した国は、いずれも打ちのめされることとなった」と分析している。現代史を見ると、打ちのめされた国の代表はベトナムとアメリカだろう。

この「マクドナルド理論」は、2008年のコソボ空爆（北大西洋条約機構＝NATO＝による旧ユーゴスラビア攻撃）で破綻した、という指摘もある。しかしフリードマン氏は「コソボ紛争が短期間で終結したのは、ベオグラードの市民がコソボよりマクドナルドを選び、大統領に戦争を終わらせるよう求めたからだ」と主張、逆に理論が強化されたと自慢している。

ベトナム第1号店

私はもちろん、この理論が正しければと願う。早くマクドナルドが北朝鮮やイランなど、世界中の国にできればいい。

しかし、フリードマン氏はこうも続ける。「いずれ、ほとんどすべての国にマクドナルドができるだろう。そして、いずれ、マクドナルドの国のいくつかが互いに戦争を始めるだろう。理由の善しあしはともかく、これからもずっと、戦争に訴える指導者や国々は出現するだろう」。

ベトナムがそんな国の一つにならないことを切に願う。

ベトナム戦争の戦後が終わった（経済限定）

マクドナルドのベトナム進出は、多面的で深い意味を持つ。第1に「マクドナルド理論」の裏付けとなる、ベトナムの市場経済化の進展。経済成長に伴う所得向上、ミドルクラスの増加、グローバル経済とのつながり、低賃金の工場から消費市場への転換といった諸現象が「M型アーチ」に凝縮されている。

第2に米越関係の改善。ベトナムの人口9300万人は世界14位の大国なのに、マクドナルドが進出したのは120カ国・地域目。これほど進出が遅れたのは、社会主義経済システムもさることながら、やはりベトナム戦争の後遺症ではないかと思う。事実、枯れ葉剤被害者への補償など、まだ解決しなければならない大きな問題も残っている。

大混雑する店内

しかし、オープン初日に大音響の英語のロックが流れる店内で、若者に混じってビッグマックをもぐもぐしながら、「アメリカの巨大外食チェーンが、やっとかつての敵国に店舗を構えたことで、少なくとも経済的には『ベトナム戦争の戦後が終わった』と言えるのではなかろうか」と考えた。これからは米国との経済交流が一層深まるだろう。

第3に越僑の活躍。マクドナルドのベトナム事業のパートナーは、実業家のヘンリー・グエン（グエン・バオ・ホアン）氏である。グエン氏はグエン・タン・ズン首相の娘婿で、ベトナム戦争が終結した1975年に渡米し、ハーバード大学を卒業した俊英だ。彼のように有能な越僑が帰国して活躍することが、ベトナム発展の起爆剤になるとは、かねてから指摘されていた。

消え去りゆくもの

最後に、極めて個人的な感想を一つ。反論も多いと思うけれど、またベトナムがツマラナクなった。私がこれまで訪れた世界の都市の数などたかが知れているけれど、どこに行ってもマックだの○○だの同じような看板ばかりになってしまって、個性がどんどん薄れている。「真に国際的で普遍的なものは、民俗的なものである」という論考をどこかで読んだことがあるけれど、真実だと思う。私が大企業にお願いしたいことは、せめてハノイの旧市街には、きらびやかな看板を立ててほしくないということだ。

私のアパートの周りでは、ビニールシートとプラスチックいすのフォー屋やカフェが、どんどん近代的なガラス張りのレストランに変身している。だから最近は、絶滅危惧種を追いかけるように、昔からの活気あふれる路上店に行くことが多くなった。おままごとのような小さなフロいすに腰掛けてフォーをすすり、カフェを飲む。
消え去りゆくものは、みな美しい。

ハノイ日本祭り

毎年恒例の「ハノイ日本祭り」。ベトナム日本商工会が主催する在留邦人最大のイベントで、加盟各社の社員や家族ら約3000人がステージのショーや餅つき、古本市、ゲームなどで親睦を深める。

そのお祭りに、300人近いボランティアの一人として参加した。私が配属されたのはゲーム班のスーパーボールすくいで、担当はポイ（ボールをすくう道具）の紙貼り。何とも地味だが、これがなかなかハードだった。

午後3時のゲーム開始と同時に押し寄せる子どもたち。ビニールプール二つに約10人が群り、三つすくった時点で終了というルールだから、使用済みのポイがポイポイ積み上がる。紙貼り担当の4人ではとても追い付かず、プール見張り番から助っ人を1人回してもらった。

それでも消費が生産ペースを上回り、在庫が減少していく。これが商売なら願ったりで、すぐに増産に必要な対策を取るのだが、たかがお祭りのボランティアである。われわれは工業団地のラインのワーカーさんのごとく、ひたすらぬれた紙を剝がし、ポイを乾かし、紙を貼るという同じ作業を続けた。「ここ、一番大変なんじゃないか」「もっと人を回してもらえないのか」と不満の声も漏れる。

しかし、そこはモノづくり大国ニッポンのDNAが組み込まれたわれわれである。「（プール見張り番に）ぬれた紙ははがしてポイを戻して！」「ポイは閉じたままでなく、タオルで拭きやすいように開いて置いて！」とサプライサイドに注文を出し、「ポイは溝を下にして、タオルでたたく」「振ると空気で乾きが早い」など次々にアイデアを出して導入し、生産効率はずんずん高まっていった。

スーパーボールすくい

カイゼン運動

紙には4号（強い）、5号（普通）、6号（弱い）と種類があることも初めて知った。強度にはかなりの格差があり、4号は手荒に扱っても破れないが、6号だと水にしばらくつけると溶けるくらいの違いがある。

常にトヨタ自動車顔負けのカイゼン努力を怠らないわれわれは「ポイの色別（ピンク、黄色、青）に紙の強度を変えて、小さい子にはピンク、高学年には青を渡そう」との提案も出たが、さすがにそこまでの手間は来年への課題になった。

やっと子どもたちの波が途切れた終盤、われわれ紙貼り5人衆は本気でスーパーボールすくいで勝負した。6号の弱い紙で、単純に個数を競う。5位は1位にビールを2杯、4位は2位に1杯おごる約束だ。みんなこの日に習得したスキルの粋を自分のポイに込めて紙を貼る。

結果を発表します。私めは、若者のパワーを老練な技術でかわし、11個で見事優勝いたしました。ごっくん2杯！

こんな局所的な話ですみません。まあ全体は細部に宿るということで。こういう小さいシーンが、ハノイ日本祭りの会場のあらゆる場所であったと思う。私はどちらかといえば物見遊山的なボランティアだったけれど、全体の取りまとめに当たった方たちのご苦労はいかばかりだったか。

スタッフの皆様、ボランティアのみんな、本当にお疲れさまでした。手づくりの温かくて楽しいお祭りでした。

割り込む文化

トヨタ・モーター・ベトナム（TMV）が、ベトナムの警察と協力して交通安全訓練を行うことになった。TMVの丸田善久社長は、協力覚書の署名式で「お先にどうぞ、という譲り合いの精神を醸成し、根付かせたい。人の意識を変えるのは簡単なことではない。10年、20年の取り組みになる」と決意を表明した。

確かに、これは相当難しい仕事になりそうだ。何事も四角四面の日本人から見れば、ハノイやホーチミンの交通ルールなど無きに等しい。私は電気自転車（日本で言う電動バイク）で毎日バイクと並走しているが、いつもヒヤヒヤカッカしながら運転している。

バイクとの軽い接触などあいさつみたいなものだし、信号がまだ赤なのに「早く行け」と後ろからゴンゴン押されることもある。少しでも前にスペースがあれば割り込んでくるし、自動車（特に路線バス）はいつも威張りちらしている。まるでビデオゲーム「マリオカート」の中に放り込まれた感覚だ。

ハノイの道路（EPA＝時事）

路上だけでなく、とにかく自分が先に行こうとする「ベトナムの割り込む文化」にストレスを感じる人は多いと思う。空港のカウンター、スーパーのレジ、ファストフード、映画のチケット売り場。少しでも前に空間をつくるとすぐに体をねじ込んでくる。

君らなあ……東日本大震災の、あのベトナム中が涙した9歳の少年の話を思い出してくれよ……。在日ベトナム人を両親に持ち、日本の国籍を取得した警察官のハー・ミン・タインさんが伝えた実話だ。

ベトバオ紙が2011年3月18日にサイトに掲載した記事の概要を、改めて紹介します。

東日本大震災後、スーパーに並ぶ人たち。日本人の整然とした行動は世界から賞賛された（2011年3月14日＝福島県鏡石町）（EPA＝時事）

「人の道」を教えた9歳の少年

タインさんは震災直後、救援活動で福島県に配置され、その日は被災者に食料を配る作業を手伝っていた。長い列の最後尾に並んでいた少年の話を聞くと、自分を助けるために駆け付けた父親の車が津波にのみ込まれるのを目の当たりにし、家族の行方も分からないという。

衝撃を受けたタインさんは、少年に食料パックを渡した。しかし、少年は「ほかの多くの人は、僕よりもっとおなかがすいているだろうから……。公平に配ってください」と言うと、パックを配給箱に戻し、また列に並んだ。

バオベト紙は記事を、タインさんの言葉で結んでいる。「9歳の男の子が大人の私に、人としての道を教えてくれるとは思いもよらなかった。日本人は偉大な民族だ。必ずやより強く再生するに違いない」。

（この記事の全文翻訳は国際協力機構＝ＪＩＣＡ＝のサイトで読めます。https://www.jica.go.jp/vietnam/office/others/saigai/pdf/news01.pdf）

国情の違い

この実話はベトナム人の心を揺さぶり、決して豊かとは言えない人々からも義援金が殺到した。そして日本人の自尊心をくすぐった。てんぐになって「やっぱり民度が違うよな」と言う人もいた（その1人は私です）。

でも最近、こんな話を聞いた。

あるベトナム人は、戦中戦後の配給制度（バオカップ）時代、まだ少年だった。食料や衣類などの生活必需品を受け取るために、配給手帳を握りしめて長い列に並ぶ。少年は確実に家族に配給品を持って帰るために、割り込む技術を習得し、家族からは「お前はすばしこくていい子だ」とほめられた――。

ちょっとだけ目からウロコが剝がれた。民度の違いではなく、国情の違い。民度が違うなんて、国力と個人的な財力の違いからいい気になって、自分でも無意識のうちにベトナム人を見下しているのではないか。ベトナムの歴史をもっと勉強しなくては……。

まあそれはそれとして、やっぱり列にはきちんと並んでほしいと思うけれど。

カオダイ教

ベトナム人の宗教観は日本人と似ている。人口の8割が仏教徒で、しかも大乗仏教だから厳しい戒律はない。テトの初詣でお寺が大賑わいになるのも日本と同じだ。お賽銭をあげて幸を願う。要するにご利益宗教である。

でも、こ、これはいくら何でも……と後ずさってしまうような新興宗教もある。カオダイ教だ。新興宗教といっても、巷のいかがわしいカルト集団とは違う。1920年ごろ発祥したとされる多神教で、信者は100万人以上いる。

ホーチミンから北西約100キロにあるタイニン省の総本山に行ってみた。山門はとてもカラフルで、テーマパークの入場ゲートみたいだ。中央礼拝堂は寺院というか神殿というか教会というか何とも形容しがたい不思議な建物だった。

礼拝堂には三つの塔があるのだが、どれも形が違う。中国寺院風、イスラム教のモスク風、何だかよく分からない風。正面の屋根には仏像があって中ほどにはキリスト像がある。ちょっと頭がくらくらしてきた。

教科書風に説明すれば、カオダイ教は仏教、キリスト教、イスラム教、儒教、道教などさまざまな教えをミックスした宗教で、釈迦、キリスト、ムハンマド、孔子、老子ら聖人だけでなく、哲学者のソクラテス、小説家のビクトル・ユーゴーら数十人を聖霊と仰ぐ。

中央礼拝堂

シンボルマークは「天眼」で、宇宙の原理を象徴しているという。これはフリーメイソンの目玉のマークとそっくりだ。もう宗教を超えて有名な人の教えをすべてぶっ込んだごった煮というか闇鍋というか、とてもありがたい教団なのである。

英国の作家グレアム・グリーンは『おとなしいアメリカ人』(早川書房)で、「この宗教にまつわるすべてのカラクリのうんざりするような厭らしさを、どう説明したらいいのだろう」と切り捨てている。

うーむ。相変わらず不寛容だなあ、唯一神教の人は。キリスト教やイスラム教の教義はもちろんリスペクトするけれど、八百万《やおよろず》の神の民としては、野球の神様や便所の神様がいるのと同じように、偉い人の教えのいいとこ取りだってアリだろうと思う。

そして、私はこの一見キテレツに見える総本山で、これがベトナムなのだ、と妙に納得した。国家としては社会主義だけれど、別に体制にこだわらず資本主義のいいところをどんどん取り入れていこう。ごった煮でいいじゃんかと。

礼拝は1日6時間おきに4回あって、だれでも自由に見学できる。お堂を埋め尽くす信者の祈祷風景は圧巻だ。正午の礼拝に合わせたツアーがホーチミンからたくさん出ているので、不思議の国・ベトナム探訪にお薦めです。

シンボルマークの「天眼」

メコンデルタ

こんな小話がある。

ある海辺に男がいた。男は好きなときに漁に出て、自分が食べていけるだけの魚を取ると帰り、昼寝をして酒を飲んで歌って暮らしていた。

そこへビジネスマンが現れる。「何ともったいない。私が資金を出すから最新型の漁船でもっと魚を取ろう。水産加工会社もつくって大量販売しよう」。

男は聞いた。「それで?」。

メコン川最大の支流ハウ川。中央はカントー橋

ビジネスマンはしたり顔で言った。「会社を大きくして、売っ払うのさ。大金持ちになれるぞ。そしたら、好きなときに釣りでもして、昼寝して酒を飲んで歌って暮らせるじゃないか」。

私がこの小話を思い出したのは、日本商工会議所のベトナム・メコンデルタ投資環境視察ミッションに参加して、南部のカントー市、ハウザン省、ドンタップ省などを見て回ったときだった。

肥沃《ひよく》な大地、まぶしい太陽の光、豊かな水。コメは年に3回も取れ、特に品種改良しなくても甘い甘い果物が樹から落ちてくる。何もあくせく働く必要はない。ミッションは小話のビジネスマンのように、平和で豊かな村に不必要な負荷をかけようとしているのではないか。

超VIP待遇

いや、小話とは違う。なぜなら、私たちは大歓迎された。そもそも今回の視察は、南部ロンアン省出身のチュオン・タン・サン国家主席の肝いりで実現した。ドアン・スアン・フン駐日大使が多くの行程で案内役を務め、サン主席はミッション訪問の朝、大使に直接電話をかけて「最大限のおもてなしをせよ」と特命を発した。

私たちのバスには全行程でパトカーか白バイの先導付きという超VIP待遇で、赤信号では一度も止まらなかった。行く先々ではアオヤイ（南部ではアオザイをこう発音します）のロータスレディーがずらりと並んで出迎え、日本語の看板や資料が用意され、こちらが申し訳なくなるくらいの演出と料理で下にも置かぬ扱いを受けた。

水産加工工場

それでもなお、小話が頭の中でぐるぐる回る。日本の大手回転ずしチェーンに魚介類を卸しているという加工工場では、数千人の従業員が魚の頭を落とし、内臓を抜き、3枚におろし、骨をピンセットで抜くといった作業をセクションごとに猛烈なスピードでこなしていた。手を抜こうにも、自分がどの程度作業したかはタッパーに付いているＩＣタグで計測される。

こんなことを書くと工場の方に本当に申し訳ないのだけれど、これはもうチャップリンの映画『モダン・タイムス』の世界だと思った。そして工場を一歩出れば、木陰のハンモックで昼寝している人がいる。特に暮らしに困っているというふうでもない。

チャップリンは『ライムライト』で、人生に必要なものは「勇気と、想像力と、サムマネー」だと言った。サムってどのくらいだろう。そもそも自分はここで何を書きたいんだろう。ぜんぜん考えがまとまらない。それくらい豊潤なメコンデルタに圧倒されている。

北の国境（ＤＡＹ1）アゴアシマクラ

ベトナム北部ハザン省と中国雲南省の国境ゲートが「国家」から「国際」レベルに格上げされた。国家ゲートは両国人しか通関できないが、国際になると世界の誰でも通れるようになる。それ自体はとりたてて大きなニュースではない。ベトナムには既に、陸の国際ゲートだけで中国、ラオス、カンボジア間に20もある。ちなみに港湾が17、空港が7、鉄道が3、郵便の国際ゲートもハノイとホーチミンにある。

しかし、私は取材に出掛けた。ベトナム最北に位置するハザン省の国境などめったに行ける場所ではないし、ベトナム外務省がハノイ駐在の外国メディアをアゴアシマクラ（食事・バス・ホテル）付きで招待したからだ。

私がベトナムに赴任して3年3カ月、外務省からの取材案内は多々あれど、地方への「費用持ちご招待」は初めて。狙いは明らかに、南シナ海のホアンサ（西沙）、チュオンサ（南沙）両諸島の領有権をめぐり対立する中国との「関係改善・友好促進」を世界に発信させることだ。

さすがに「ベトナム50番目の国際ゲート」とあって、ツアーに参加した外国メディアはテレビ朝日、ドイツ通信（DPA）、時事通信の3社と少し寂しかったけれど（しかも2社はベトナム人スタッフで外国人は私だけ）、「北の国境のまち」で見てきたことをリポートします。

切っても切れない

ハノイ出発は午前8時で、午後3時半にハザン市に着いた。昼食を挟んで7時間半の道中で、ところどころバスがバウンドしてお尻が宙に浮いたり、おなかが左右にねじれたりする山あいの悪路もあったが、インターネットはほとんどつながった。いつもベトナムのモバイル環境には感心させられる。

午後4時からハザン省人民委員会で記者会見。私は「南シナ海紛争の前後で、国境ゲートの物流はどう変化したか」を中心に質問した。ハザン省の高官は「一時通関のスピードが減速したが、中国が係争海域から石油試掘施設を撤去した後は正常に戻った」と説明した。

確かに一時期は国境で物流が滞ったようだ。しかし、その後はすぐ持ち直し、２０１４年全体ではベトナムの対中輸出は11・８％増加し、輸入は18・２％も増えた。中国外務省はベトナムで起きた反中暴動を受けて「一部交流を当面停止する」と発表したけれど、結果的にはむしろ「切っても切れない」両国の経済関係が浮き彫りになった。

会見では「１９７９年の中越戦争以降、国境で中国から軍事的脅威を感じたことはあるか」とも聞いてみた。さすがにこれには「国境ゲートの記者会見なので」と、答えてくれなかった。答えてくれないだろうとは思いつつ、記者は相手の反応を見るためにあえて聞く。

ハザン省人民委員会の記者会見

仲良くしたい度

夕食後には、人民委員会庁舎前の広場で「越中芸術交流フェスティバル」が開かれた。両国代表の花束交換から始まり、交互にきらびやかな衣装をまとった舞踏を披露したり、ベトナムの歌手が中国語で歌ったり、最後は両国友好の歌を高らかに合唱して締めくくった。

この空気は、中華レストランさえ数えるほどしかないハノイとはまったく違う、やはり国境のまち独特のものなのかもしれ

越中芸術交流フェスティバル

ない。私はへそ曲がりだから、みんな両国政府の指導で力づくでにごにご（にこにこ）笑っているふうにも見えてしまうけれど、あるいは本気の笑顔なのかもしれない。

家の隣人は変わることもあるが、国家の隣人は国家が消滅しない限り変わらない、だから仲良くしましょう、とよく言われる。でも国は広すぎて、だいたい中央の論理でしか物事が進まない。そしてケンカする。そこへ行くとハザン省と雲南省の人々は、濃密な経済関係もあり、「仲良くしたい度」がずっと高いのかもしれない。

夜も更けて冷え込んできた北部山岳地帯の屋外広場で、震えながらそんなことを思った。単にアゴアシマクラに乗せられてしまっているのだろうか。

北の国境（DAY2）高い壁と低い壁

ハザン市内のレストランで朝食を食べていると、中国のある国営メディアの記者がいたので話しかけた。「ベトナムとの国家ゲートが国際レベルに格上げされることをどう思うか」と聞くと、「人とモノの交流が活発になり、中越の経済関係が一層強化される。非常に喜ばしいことだ」と、まるで式典のスピーチのような答えが返ってきた。

その後も少し会話を交わしたのだが、東・南シナ海問題がかまびすしい中、ベトナムで日本人記者に対応しているという警戒感なのか、まるで対中包囲網に1人で立ち向かっているような雰囲気だった。名刺を持っていないというので、名前を書いてくれとメモを差し出したのだが、それもやんわり拒否された。ちょっとびっくり。いいじゃないの、名前くらい。

国際ゲートの開通式

通関初め

ハザン市内から車で20分ほどのタイントゥイで開かれた国際ゲートの開通式は、いつものセレモニーだった。太鼓のドンドコとアオザイレディーの花道。ハザン省人民委員長ら来賓のスピーチとテープカットと紙吹雪。

式典が終わると、両国の来賓はそのまま歩いて中国側に入り、「通関初め」をした。私も当然一緒に行くつもりでいた。でも、取材許可は式典までだという。

そんな。ここは国境ですよ。「向こう側」を見ないでどうするんですか。あっちで何かの違いを感じて、それを読者に伝えることが記者の仕事じゃないですか。ここから眺めただけで、向こう側には大きな建物が幾つか見えて、経済的な力の差がうかがえるじゃないですか。

日本人なら中国に入るのにノービザだし（2週間以内）、ベトナム人だって国境を接している中国の省であればビザはいらないはずだ。そうだよね？　とベトナムの記者に同意を求めると、彼らはいやいやと首を振った。ある記者は「私たちは中国に入ることを許可されていない」と説明した。

しょうがない。私は1人で行くことにした。みんなはバスで待っているというので、「5分間だけ」という約束で「国際」に進化したゲートに向かった。

遠い「向こう側」

しかし、事はスムーズに運ばなかった。まずベトナム側の出国審査で、係官は「日本人にはビザが必要だ」と、私に中国のビザ免除国一覧表を見せた。確かにそこに日本はなかった。いったいいつの時代の紙だろう。せっかくゲートがインターナショナルに格上げされたのに、運用が追い付いていないのだ。

ハザン省の広報担当官が、日本人にはビザが免除されているのだと説明してくれ、それを係官がどこかに問い合わせ、確認するまでに10分以上かかった。そのとき通関窓口は一つしか開いていなかったので、私の後ろはどんどん列が長くなっている。

それでも係官は「ここを通る初めての第三国人だから」と極めて慎重で、私のパスポートをなめるように精査している。外で待っている記者仲間は、もうしびれを切らしていることだろう。

ベトナム側の通関ゲート

やっと係官にハンコを押してもらうと、私はダッシュで中国に飛び込んだ――つもりだったのだが、今度はイミグレでつかまった。中国人の係官はまた、私のパスポートをじっとにらみ、書類を持ってきて、ここに必要事項を記入しろと言う。

そんな……「5分だけ」の約束が、もう20分以上たっている。書類を書いても、また何のかんのと時間がかかるだろう。ベトナム側ではハザン省の広報官が助けてくれたが、ここでは頼れる人もいない。英語もほとんど通じない。記者仲間はもう、わがままな日本人に業を煮やしているに違いない。

私は中国入りを断念した。「もういい。時間がない」と回れ右をして、ベトナム側のイミグレにすっ飛んで戻ると、係官はぽかんとして、さっき押したばかりの青いハンコの上に修正の赤いハンコをぎゅっと押した。

私は記者を乗せたバスまで走り、「ごめんごめん」と謝った。しかし、そこにはだれもいなかった。彼らは別の車でセレモニー後のパーティー会場に向かったという。何だ……それなら時間がかかっても「向こう側」に行ってくるんだった。もう一度通関をトライしようかと思ったが、パーティーもあるし、これ以上ハザン省の広報官（ずっと待ってくれていた）に迷惑をかけるわけにはいかなかった。

それにつけても国境ゲートの壁の高さよ。

大交流会

ハザン市内に戻り、パーティー会場に入った。まだ午前11時前なのに、あちこちで酒盛りが始まっている。国際ゲート開通式の前日には、中国と接するハザン、ラオカイ、ライチャウ、ディエンビエンの4省と雲南省による国際会議がここで開かれ、ベトナムから120人、中国から40人が参加していた。パーティーはこの会議の打ち上げも兼ねた大交流会だった。

「モッ、ハイ、バー！」「干杯！《かんぺい》」。ベトナム人と中国人が盛んに杯を交わしている。開通式前夜祭の「越中芸術交流フェスティバル」が続いているかのように、ハザン省人民委員長らのメーンテーブルを囲み、中国人数人が「友好の歌」（だったと思う）を歌い出した。

私たち端っこのテーブルでも、中国人が盛んに杯を勧める。もちろん「第三国人」の私も仲

パーティーのメーンテーブル

間に入れてもらい、トウモロコシ焼酎を何度も乾杯し、握手した。隣のテーブルでは女性たちだけで乾杯を繰り返している。

これには本当に驚いた。若い女の人たちですよ。お茶で許してもらうとか、口だけつけてというのではなく、本当にぐびぐび杯を干し、握手し、また注ぐ。どこかのオヤジみたいに「飲め飲め」とやっている。北部山岳地帯の女性は酒豪で有名だ。ハノイの男性記者も「とてもかなわない」という。私は誰がどこの国の人で男か女なのかもよく分からなくなってきた。

それにつけても人と人との壁の低さよ。国と国もこんなだったらいいのにな。

第6章 南シナ海リポート

南シナ海でベトナムの船（左）に放水する中国海上警察の船
（ベトナム外務省提供／AFP＝時事）

「制服組」の言葉の重さ

中国は2014年5月、南シナ海のホアンサ（西沙）諸島海域で突然石油の試掘を始めた。領有権を主張するベトナムの国民は激怒し、全国で反中暴動が吹き荒れた。海上では両国の船舶が小競り合いを続け、中越は一触即発の極めて危険な状況に陥った。

ふだんはあまり情報発信をしないベトナム当局もこのときばかりはメディアを積極的に活用し、毎日のように記者会見を開いて中国を非難した。国防省は記者を巡視船に乗せ、最前線を取材させるというサービスぶり。私も7月14日から17日まで、内外の記者40人と乗り込んで現場を見てきた。越中対立のフロントラインからリポートする。

ベトナム沿岸警備隊のダン・ホン・クアン中将

「交戦の可能性は」

14日午前9時、ダナン港の近くにある国防省傘下の造船会社「ソントゥー」に、外国人記者10人が集まった。そこでベトナム沿岸警備隊のダン・ホン・クアン中将から、乗船に当たっての説明を受ける。

われわれが乗る船は巡視船「８００３」で、１４００トン、全長96メートル、最高時速35ノット（約65キロ）。ベトナム沿岸警備隊では最も近代的な船という。日程は５～６日で、中国の石油試掘施設にできるだけ接近して情報を収集する。

クアン中将は「中国が石油を試掘している海域は完全にベトナムの排他的経済水域（ＥＥＺ）内にあり、重大な国際法違反で受け入れられない。記者の皆さんは自分の目で見て、真実を書いてほしい」と訴えた。

私は「巡視船には武器が装備されている。中国から攻撃されたら、交戦の可能性はあるか」と質問した。クアン中将は慎重に「予測不可能だ」とかわし、こう付け加えた。「ベトナムは常に対話による平和的解決を目指す。過去の戦争であまりに多くの犠牲を払ってきた」。

こういう説明は何度も聞かされてきたが、現場で直接中国と対峙《たいじ》する「制服組」の言葉だけに、ズシリと重みがあった。

午前10時の酒盛り

ベトナム沿岸警備隊の巡視船に乗り込む記者はアシスタントも含めて総勢約40人、うち外国メディアの記者は10人だった。ベトナム人と外国人はなぜか別行動で、外様の私たちは乗船説明の後、ダナン港近くのレストランに連れていかれた。これから歓迎ランチという。

ダナン市人民委員会から派遣された通訳（新婚ほやほやのナイスガイ）は確かにランチと言った。まだ10時だが……着席すると、いきなりビールが出てきた。沿岸警備隊の幹部は、「国籍のABC順に乾杯しよう。最初はアメリカだ」と言う。

ここで記者の顔ぶれを紹介します。まず日本は共同、時事の両通信社とフリーカメラマンの3人、アメリカはニューヨーク・タイムズ（2人）、ボイス・オブ・アメリカ（VOA）、国際通信社のトムソン・ロイター、イギリスはBBC放送とガーディアン（どちらも女性）、フランスがフリーランスの計10人。

午前10時のランチにビールが並ぶ

仮想敵国

沿岸警備隊の幹部は、記者一人ひとりと乾杯を始めた。アメリカ、ブリテン。誰かが「C……ここにチャイニーズはいないだろうな！」と声を上げる。フランス、ジャパン。幹部のおなかにはビール2リットルは収まったのではないかと思う。

それにしても、ここにいる記者はかつてベトナムと激しい戦火を交えたり、進駐した国々から来ている。その戦いでベトナムを全面的に支援した中国が、ここでは「仮想敵国」になっている。国際情勢の地図は、あっという間に塗り変わってしまう。

沿岸警備隊の名誉のために書けば、彼らは日がな一日乾杯しているわけではない。午後4時の搭乗前の夕食では、アルコールは一切出なかった。午前10時のランチで飲んで体をしばらく休め、涼しくなる夕方に出港するというスケジュールだ。

巡視船「8003」

巡視船「8003」

7月14日午後5時すぎ、内外の記者約40人がダナン港に浮かぶベトナム沿岸警備隊の巡視船「8003」に乗り込んだ。われわれ外国メディア10人のうち女性2人はさすがに別室で、男どもはベトナム外務省やダナン市外務局のスタッフと一緒に12人が寝泊まりするキャビンに入った。

客船ではないから、相当ハードな環境を覚悟していた。しかし、40平方メートルほどのキャビン内は冷房が効いており、南シナ海のど真ん中でも視聴できるテレビや冷蔵庫まである。壁の両側の2段ベッドには読書灯とコンセントまで付いている。

一応「許可なく部屋から出てはいけない」と言われたのだが、「ベトナムのルール」は日本とちょっぴり違うので、トイレに行くとき艦内を少し歩いてみた。トイレは水洗で、温水シャワー、洗濯機、乾燥機もある。休憩室には卓球台やランニングマシンまであった。

私は後でベトナムのメディアからインタビューを受けたのだが、「この船旅はどうか」との質問に「ハノイのアパートより快適だ」と答えた。

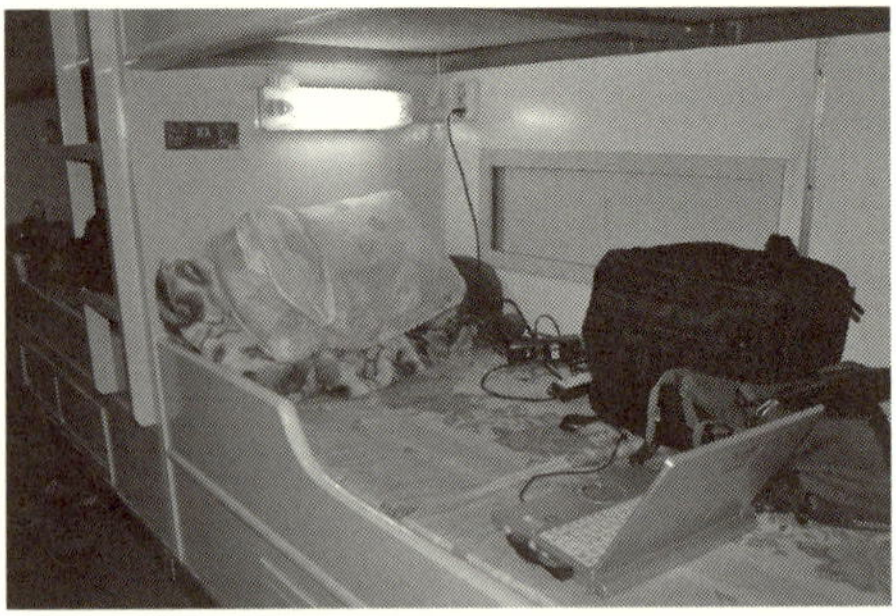

読書灯付きの2段ベッド

満天の星

午後6時10分、出港。直後にガツンと衝撃。何かと思ったら、小船が大きな巡視船の船首を横から押して、方向をくるりと反転させて外洋に向けているのだった。こんな荒っぽい作業を、他の国でもやっているのだろうか。

船旅なんて何年ぶりだろう。出港の汽笛が腹に響く。大きな造船所を通り過ぎる。遠ざかるダナンの灯火。暮れなずむ水平線。みんな甲板の上に出て景色を眺めているが、誰も口をきかない。適切な言葉が出てこない。

とっぷりと日も暮れてから、1人で甲板に上がって、ごろりとあおむけになってみた。全長96メートルの大きな船だから、波の揺れはまるで揺りかごの優しいスイングだ。プラネタリウムでしか見たことのないような満天の星。日本の家族にLINEで見せてあげようかと思ったが、もう携帯の電波は届かない。

こんなシャンデリアのような美しい空の下で、人間は星の数にも負けない大小無数の争いを繰り広げている。あすは、バトルフィールドだ。

船上インタビュー

7月15日（乗船2日目）午前5時すぎ、ベトナム沿岸警備隊の巡視船が進行方向を右に左に変え始めた。中国の石油試掘装置まで約80キロに近づき、中国海上警察の船に接近しないように進むのだという。

船舶の激しい体当たりや放水合戦は石油装置から15～20キロほどの海域で繰り広げられているが、中国船はかなり遠くまでパトロールしているようだ。もう係争海域に入った。

午前6時、ベルが2度鳴る。朝食の合図だ。食堂は1階と2階にあり、好きな方で食べる。ご飯と菜っ葉スープと豚肉煮が定番メニュー。これに蒸し鶏が付くときもあるし、魚やイカが

ベトナムの漁船

釣れれば食卓に並ぶ。

午前8時すぎ、ホアンサ諸島海域の伝統的な漁場に差し掛かり、ベトナムの漁船10隻ほどが漁をしていた。巡視船に比べればまるで笹舟だ。小さな船が中国海警から追いかけられる恐怖を思い、「頑張れ〜」と手を振ると、漁師さんたちも手を振り返してくれた。

「ベトナムを支持する」

午前9時、ベトナムの記者2人が外国人部屋をインタビューに訪れた。私の一問一答は、短くはしょるとこんな感じだった。

Q　中国の行動をどう思うか。

A　今回は中国が悪い。ベトナムを支持する。

Q　ベトナムの対応についてどう思うか。

A　反中暴動では混乱したが、その後の対応は良かった。領土問題では冷静に対応し、力ではなく平和的解決を目指してほしい。

Q　ベトナムの漁民についてどう思うか。

A　勇敢だ。中国から拿捕《だほ》されるかもしれないのに、尊敬する。

Q　船の旅はどうか。
A　ハノイのアパートより快適だ。
Q　家族はいるか。心配しているだろう。
A　単身赴任3年。忘れられていないことを希望する。

外国人記者にインタビューする地元記者
（左から2人目）

「戦争？　中国次第だ」

私はすぐ逆にインタビューした。
Q　もし中国から武力攻撃されたら、やり返すべきだと思うか。
A　（しばらく沈黙）やりかえす権利はある。
Q　やり返すべきだと。
A　そうは言っていない。権利はあると言っている。
Q　ベトナムは中国を国際提訴すべきだと思うか。
A　現状でできる限りの手段を用いて平和的解決を目指す。それでも石油施設を引き揚げなければ、提訴すべきだ。
Q　戦争の可能性は。
A　中国次第だ。

中国の石油試掘施設（EPA＝時事）

「石油施設を撤去せよ」

午前11時ごろ、中国の石油試掘施設まで約35キロに近づいたところで、ベトナム人の記者団が小型船に乗り移った。きょうは地元の記者が一足先に最前線を視察し、あすは外国人記者が巡視船で石油施設にできるだけ接近するのだという。

取材ならもちろん、小回りの利く小型船で動き回りたい。でも、外国人記者はより安全な巡視船に残れという。外国人を小型船に乗せて、中国海警と衝突して「もしも」のことがあったら面倒なことになる。そんな「思いやり」かもしれないので、無理強いはできない。

バリアー

もちろん巡視船だって、ただ海に浮かんで座視しているわけではない。午後3時ごろ、石油施設まで約25キロに接近する。巨大な施設が肉眼でも見える。海上警察など中国船の数がぐっと増える。すると、巡視船のスピーカーから大音量で中国語のアナウンスが流れ始めた。

「ここはベトナムの排他的経済水域（ＥＥＺ）だ。違法行為をやめ、すべての中国船は退去せよ。

海洋石油981（石油試掘施設）を撤去せよ」

中国海警の船が、われわれの巡視船の追跡を始める。巡視船は逃げながら、繰り返しアナウンスを流す。海警の船脚は速く、あっという間に近づいてくる。外国人記者団が写真やビデオを撮りまくる。巡視船を持ち場の外に追い出したからか、それとも至近距離のカメラを嫌ったからか、海警が追跡をやめる。

あっという間に巡視船に接近する中国海警の船

記者、特に外国メディアはベトナムの船団にとって、一つのバリアーなのかもしれない。ふとそんなことを思った。さすがに中国側も「世界」が監視する中で、手荒なまねはできないだろう。こんな私らでよければ、喜んでバリアーになりましょう。

結局、きょうはこのシーンが一番の見せ場だった（巡視船の記者サービスだったのかもしれない）。その後は石油施設から離れ、穏やかに日が暮れていった。石油施設から約35キロの位置に停泊する。

イカ釣り

夜は、乗組員がイカ釣りをしていた。集魚灯のようなライ

南シナ海の夕暮れ

トをつけて、生ゴミを海にぶちまけてまき餌にし、ルアーを手で投げて釣る。

「あすのおかずをいっぱい取る」と言っていたが、この日は不漁で、私が見ている間は1杯しか釣れなかった。結局、記者の食卓にイカが載ることはなかった。

勝利のシャンパン

7月16日（乗船3日目）午前7時前、朝食を終えて外国人記者が寝泊まりするキャビンに戻ると、何やら騒然としていた。

「中国が石油試掘施設を撤去したぞ！」

ほどなくグエン・バン・フン船長からメッセージが届いた。「巡視船のミッションを変更する。きょうの私の任務は、君たちを安全に本土に帰還させることだ」。

私はきょとんとした。帰る？　きょうは石油施設に接近（突撃）する予定だったのに……船の体当たりは……放水合戦は……。不謹慎だが、記者は基本的に「波乱」を好む。「平穏」では仕事がなくなる。そんな肩すかし感とは裏腹に、船内はお祝いムードに包まれた。

船長のメッセンジャーの乗組員が「中国はわれわれの主張を認め、逃げ出した。勝利だ！」とガッツポーズする。フランス人のフリージャーナリストが、航海の最終日にとっておいたというシャンパンをスポン！　と開け、朝っぱらから乾杯が始まった。

「正義は常に勝つ」

船内で記者会見するベトナム沿岸警備隊のゴー・ミン・トゥン中将

ベトナム沿岸警備隊のゴー・ミン・トゥン中将が、船上で記者会見を開いた。中将によれば、中国の石油施設は、15日午前9時3分に時速6・5キロで北北西へ移動を始め、16日午前5時45分には66キロ移動した。既にベトナムの排他的経済水域（ＥＥＺ）から出たもようだという。

トゥン中将は「中国は常にアグレッシブでハラシングだったが、われわれは冷静に行動した」と強調。石油施設の移動は「ベトナムの成功か」との質問には「成功の一つだ。われわれには国際法を守り、国家を守る義務がある」と答えた。そして「正義は常に勝つ」と締めくくると、記者団から拍手が起こった。

密約説

ベトナムは勝ったのだろうか。中国は5月2日に石油試掘作業を始め、8月15日まで埋蔵調査を続けるとしていた。なぜ予定より1カ月も早く施設を撤去したのか。これまでの推論を整理してみよう。

〔中国の発表通り、予定していた調査を終えた〕これには「1カ月も早く?」という疑問符が付く。一方、石油埋蔵量が少ないことが分かり、採算ベースに乗らないと早々に見限った、との見方もある。

〔台風の被害を避けた〕7月12日、マリアナ諸島で台風9号「ラマスーン（タイ語で雷神）」が発生して今年最大規模に発達、石油施設の海域を直撃する可能性が高まった。――それにしても、あれほど巨大な施設を、すぐに動かせるものだろうか。

〔米国の圧力に屈した〕アメリカは7月9、10日に北京で開いた米中戦略・経済対話で、南シナ海問題について中国を強くけん制した。また、米上院は10日、石油施設撤去を求める決議を採択した。

石油施設の方向を眺めるベトナム沿岸警備隊員

〔国際世論の圧力緩和〕中国の石油調査は、国際社会の強い反発を招いた。ミャンマーで開かれる東南アジア諸国連合（ASEAN）地域フォーラム（ARF）など一連の会合を前に、国際世論の圧力緩和を狙った。

〔日本などの軍事力増強を懸念〕中国の強硬姿勢が、日本、フィリピン、インドなどの軍事力増強の口実にされるのを嫌った。

〔ベトナムとの関係改善〕中国にとっては小国とはいえ、隣国との関係を重視した。

〔密約説〕中国が石油施設を引き揚げる代わりに、ベトナムは中国の国際提訴を見送るという取引が水面下であった。密約説を補強する事象として、①中国は石油施設を撤去した同じ日に、拿捕・拘束していたベトナム漁民13人を解放した②ファム・ビン・ミン副首相兼外相が7月下旬で調整していた訪米を延期した——ことが指摘されている。

恐らく、これらの理由が複合的に絡み合って下された判断なのだろう。

もちろん、これで「一件落着」ではない。中国がまたサラミを1枚切っただけだ（サラミスライス作戦＝1枚ずつ薄く切りながら、結局1本切ってしまうこと）。ベトナム側は「中国は必ず戻ってくる。今度は埋蔵調査ではなく、石油を掘削するために」（沿岸警備隊幹部）と警戒を緩めていない。

やんちゃな写真家

ベトナム沿岸警備隊の巡視船に乗って、実に魅力的な、ベトナムに深く関わる2人のフリーランサーと出会った。その1人は、報道写真家の村山康文氏だ。

「いや～高橋さん、私、南シナ海に身投げしますわ。また借金で首が回らなくなりました。ははは」。そんな穏やかでない状況を、にこにこ話す。

フリーのカメラマンは、写真が売れなければ食べていけない。中国の石油試掘施設に近づく前に、中国が施設を撤去してしまったので、相当ショックだったようだ。「食欲なんかありゃしません」と、昼食時は布団にくるまっていた。

ベトナムに一目ぼれ

村山氏の半生は、なかなかスリリングである。若いころは「やんちゃしてました」。そのやんちゃぶりはかなりワイルドで、「ワッパ（手錠）もかけられました」。20代は職を転々とした後、一念発起して29歳で立命館大学に入学する。

在学中に教授の紹介で報道写真家の石川文洋氏に出会い、ベトナムの旅に同行。これが大きなターニングポイントになった。「ベトナムに一目ぼれして」写真を本格的に始め、今でも続く枯れ葉剤の被害状況などを活写した。

２００６年には枯れ葉剤被害者を日本に招き、大学病院で手術をあっせん。支援のボランティアに応募してきた今の奥様と知り合い、結婚式はベトナムで挙げた。ホーチミンの戦争証跡博物館で07年と09年に写真展を開き、現在は博物館の枯れ葉剤コーナーに４枚の写真が常設展示されている。

ホームレスやエイズなど社会問題も深く取材し、08年には初の著書『いのちの絆　エイズ・ベトナム・少女チャン』（アットワークス）を出版した。今では昔のやんちゃな経験を織り交ぜながら、各地で講演活動もこなす。

ベトナム沿岸警備隊員と記念撮影する
村山康文氏（中央）

ホアンサへの想い

村山氏はベトナムの巡視船に同乗取材したことで、一躍有名人になった。村山氏が持ち込んだライフジャケットに、乗組員や記者のサインをもらって歩いていたことが地元記者の間で評判になり、複数の現地メディアに「ベトナムと恋に落ちた日本人ジャーナリスト」（ベトナムネット）などと大きく取り上げられた。

巡視船から下りて息もつかず、７月下旬にはホーチミン市第２ラジオ・テレビ放送短大で写真展「ホアンサ諸島への想い」を開催した。写真展の資金は知人から借り、それでも足りず困っていたところ、村山氏の仕事を意気に感じた大学関係者が場所を提供してくれた。

村山氏は「死ぬまでベトナムの仕事を続ける」と話す。ベトナムには、多くの人を引き寄せる何かがあるようだ。そして、村山氏にも、どこからか助け船が出てくるような、少しやんちゃで不思議な重力がある。

青い目のホーおじさん

ベトナム沿岸警備隊の巡視船に同乗して出会ったもう1人のフリーランサーは、フランスのアンドレ・マンラ氏だ。２００９年にグエン・ミン・チェット国家主席が「同志」と認め、西洋人として初めてベトナム国籍を取得したという著名人である（フランス国籍も維持）。

巡視船のキャビンでは、たまたま2段ベッドで私が下、マンラ氏が上だった。このときマンラ氏は68歳だったが、とても還暦すぎとは思えない身のこなしでひょいひょいと上ったり下りたりする。そもそもベトナム巡視船に同乗などというハードシップの高い取材をしようと思うこと自体、ハートが若い。

ベトナム語がペラペラで、「英語は苦手なんだ」と苦笑しながら、労をいとわず外国人記者と乗組員の通訳をしてくれ、私もずいぶん助けられた。

「わが告発」

マンラ氏はベトナム戦争さなかの1968年9月、フランス語の教師としてダナンに着任。村の焼き打ち、無差別殺りく、強姦などを目の当たりにしたという。「戦争とは本当にひどいものだった」とまゆをひそめる。

船上で乾杯するマンラ氏（中央）。ボー・グエン・ザップ将軍のTシャツを着る「愛国者」だ

居ても立ってもいられなくなったマンラ氏は70年7月、フランス語教師の友人とサイゴンの国会議事堂（今のホーチミン市民劇場）前に南ベトナム解放民族戦線の旗を立て、米軍の撤退を呼び掛けるビラをまいた。

マンラ氏は逮捕され、サイゴンのチーホア刑務所にぶち込まれる。獄中では人権尊重、拷問禁止、高齢者や病人の釈放、政治犯のコンダオ島送り停止（コンダオ島送りは「死」を意味した）を求めて運動を続けた。

刑期は3年だったが、政治犯の釈放などを盛り込んだパリ和平協定締結によって2年半で釈放。フランスに戻り、獄中の様子などを描いた本を出版した。これは日本

ハノイの歴史博物館で中国の海洋拡張主義を批判するマンラ氏（AFP＝時事）

語（『わが告発－南ベトナム政治囚を救え』新日本出版社）など7カ国語に翻訳されている。

私も下船後に読んだが、足腰が立たなくなるまで殴打されたり、本国フランスのメディアから精神異常者扱いされたり、27日間のハンガーストライキで20キロもやせたり、まさに命を賭した告発だった。

漁民を支援

マンラ氏はその後も「国民として」ベトナムを支援する運動を続ける。特に中国が実効支配を強める南シナ海で、ベトナムの漁船が拿捕されたり、漁民が拘束されたりする事件に心を痛め、２０１１年に漁民やその家族の苦しみを描いた映画『ベトナム－ホアンサ：痛みに満ちた喪失』を制作した。

しかし、対中関係を重視するベトナム当局は上映を禁止。このため、マンラ氏はネットで映画を公開するとともに（https://www.youtube.com/watch?v=wgXsi2IuQH0）、欧州各地で上映会を開く。

この映画がやっとベトナム国内で日の目を見たのは、航海のひと月前のことだった。中国が石油試掘を強行してベトナムで反中機運が高まり、ダナンで開かれた国際シンポ「ホアンサ、チュオンサ－歴史的事実」のプログラムに組み込まれたのだ。7月にはハノイ、8月にはホーチミンでも上映した。

「中国のテロと戦う」

マンラ氏に今後のプランを聞くと、「ベトナム人に寄り添い、中国の拡張主義、テロリズムと戦う。南シナ海は中国の湖ではない」と語気を強める。

マンラ氏のベトナム名はホー・クオン・クエットという。クオン・クエットは「強い意志」。獄中で、拷問にも負けずに人権尊重を主張したマンラ氏に、他の受刑者が付けた呼び名だ。青い目のホーおじさんである。

帰還

巡視船は7月16日、中国が予定より1カ月も早く石油試掘施設を撤去したため、急きょ帰還することになった。

石油施設への「突撃」に身構えていた私はおなかの力が抜けてしまったが、とりあえず中国を「追い出した」高揚感に沸く船内の様子や、沿岸警備隊のゴー・ミン・トゥン中将が船内で開いた記者会見の記事を東京に送った。

こう書くと簡単だが、何しろ船上である。揺れる、強い陽光でパソコンの画面が見えない、強風で目をぱっちり開けていられない、資料が飛ぶ。かといってキャビンに入れば、インマルサット（通信衛星システム）が使えない。

私はインマルサットを使うのは初めてで、インド洋の上空3万5000キロに位置するという通信衛星をアンテナで探すのに難儀した。せっかく強い電波をキャッチしても、船が方向を変えればまたアンテナの角度を調節しなければならない。

それにしても南シナ海のど真ん中で、小さな携帯アンテナでネットも電話もつながるのだからすごい時代である。

船上で乾杯

ベトナムだもの

一仕事終えると、日の高いうちから甲板で酒盛りが始まった。そこにアルコールがあれば、記者も乗組員も集まってくる。集魚灯におびき寄せられるイカみたいだ。

記者仲間や乗組員とたわいもない会話を交わす。「やんちゃな写真家」や「青い目のホーおじさん」の体験談に感動する。見渡す限りの大海原。突き抜けるような青い空。気分爽快。楽しい船旅だった。

午後9時すぎ、ダナン港到着。ここから少し巡視船が「迷走」する。最初は「急に帰港したので、受け入れ準備ができていない。今晩は停泊する」と言われた。その後は「記者だけボートで上陸する」「やっぱり記者も船に泊まる」「受け入れ準備が整った。帰港する。記者のホテルは用意する」「ホテルは用意できなかった」と二転三転した。

われわれは荷物を抱えて行ったり来たりさせられたが、苦笑するしかない。愛すべきベトナムだもの。本当に面白い船旅でした。沿岸警備隊の皆さま、記者のみんな、ありがとう。Hẹn gặp lại!（またお会いしましょう）。

転覆

ダナン港に帰還した翌日、私は浜に古びた船舶が並ぶ修理工場を訪れた。そこにはホアンサ海域で中国船「１１２０９」と衝突して転覆した漁船がある。

「衝突」と中立的な言葉で書いたが、ベトナム側は「中国の船から体当たりされた」と主張している。漁船は全長20メートルほどで、左舷《さげん》後方の船腹に、直径1メートル弱の穴が開いている。少なくとも中国の船首が、漁船に横から突っ込んだことが分かる。

漁船は陸に引き揚げられているが、修理はしない。中国側に損害賠償を請求するため、証拠として保存している。つまり、再び漁に出ることができない。漁船の女性オーナーであるフイン・ティ・ヒエウ・ホアさんは「損失は50億ドン（約2500万円）に上る。すべてを奪った中国が憎い」と怒りをあらわにし、提訴に踏み切る。

これは個人が個人（中国船の所有者）を訴える国際民事訴訟になる。ただ、ベトナムという社会主義国で、良くも悪くも最も関係が深い、それゆえ最も外交的に神経を使う中国を相手取り、一個人が訴訟を起こすというケースは考えにくい。背後には国家の意思があるとみるべきだろう。

中国船と衝突し転覆した漁船（EPA＝時事）

裁判成立は困難

しかし、裁判が成立する見込みは小さい。そもそも相手がはっきりしない。分かっているのは「11209」という中国船のナンバーだけで、所有者が個人なのか、中国海上警察なのか、あるいは海軍なのかも不明だ。

訴訟準備を手弁当で進めるド・ファップ弁護士は、ハノイの中国大使館に「11209」の

転覆した漁船とホアさん

所有者や乗組員などについて詳細な情報提供を求めているが、中国側から一切回答はない。

　ハノイの日系弁護士事務所によると、ベトナムと中国は1998年に結んだ司法共助協定で、刑事・民事訴訟の協力で合意。協定には情報の相互提供も盛り込まれているが、協定には強制力も、拒否した場合の罰則規定もなく、中国側が知らんぷりする公算が大きい。

　訴訟は地元ダナンの人民裁判所に起こす方針だが、相手を特定できず、単に「中国船11209の所有者」では、訴えを提起することは難しいという。

　ホアさんは「中国は海賊だ。いや、人間じゃない」と言い放つ。ここまでののしるのは、少なくとも当局の指示ではないだろう。中国が石油試掘施設を予定より早く撤去したため、中越間には関係改善の動きも見られるが、ホアさんの戦いはこれからだ。

第7章

戦争の爪痕

枯れ葉剤の影響とみられる障害を持つ子どもたち（EPA＝時事）

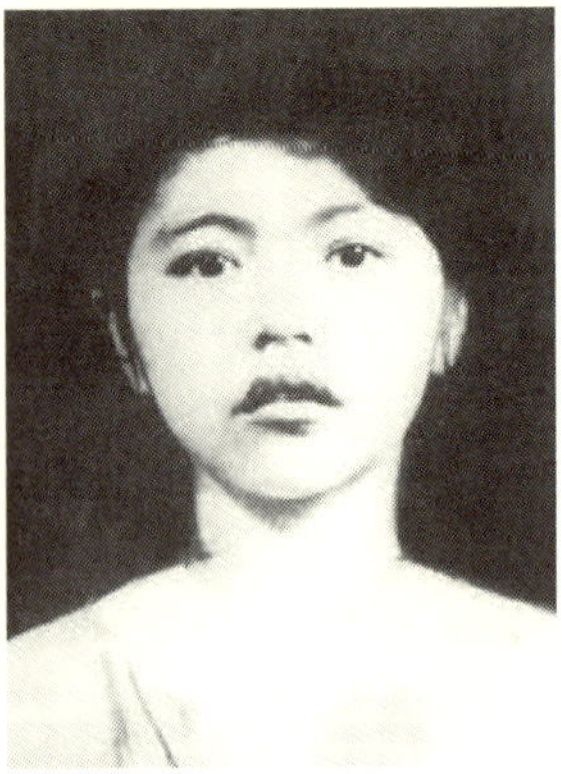

ボー・ティ・サウ（ベトナムの声放送ウェブサイトより）

コンダオ島

急に思い立って大みそかに飛行機に飛び乗り、2014年をコンダオ島で迎えた。「ベトナム最後の楽園」と言われ、映画俳優のブラッド・ピッドとアンジェリーナ・ジョリー夫妻が超高級ホテル「シックス・センシズ」に泊まったことで一躍人気が高まった。ホーチミンから真南に約300キロの小島に向かう70人乗りのプロペラ機には、日本人の家族連れもいた。

エメラルドグリーンの海でスキューバダイビングが楽しめ、ウミガメが産卵し、ジュゴンも泳ぐというパラダイスだが、観光開発はほとんど進んでいない。その理由は「監獄の島」だからだ。

コンダオ島には「タイガーケージ（虎のおり）」で有名な「フーハイ・キャンプ」など六つの監獄・捕虜収容所があった。19年の短い命をフランスからの独立運動にささげた国民的ヒロイン、ボー・ティ・サウは、この島で処刑された。銃殺刑の前に「私は最後まで祖国を見届ける」と目隠しを断り、ひざまずくよう促されても「私は立つことしか知らない」と拒否したという逸話は、ベトナム人なら知らない人はいない。

かれんで強い花

私は島に着いてすぐバイクを借り（免許がなくてもOK。楽園ですから）、サウのお墓にお参りした。国立公園の一角にある広大な墓地には、国家の独立を目指して命を落とした約2万人の英霊が眠っていて、まずその数の多さに圧倒される。中でもサウの墓所は一回り大きく、昼も夜も線香を手向ける人が絶えない。そう、夜も。

島では午前0時になるとサウの霊が現れるとうわさされ、その霊に直接向き合って祈れば願い事は何でもかなうのだとか。それが大みそかならパワー倍増だ。私は初詣気分で、もう一度バイクを飛ばした。真夜中の墓地という特異なシチュエーションにもかかわらず、サウの墓前では30人くらいの人が手を合わせて一心に祈っていた。

サウが見えますか（墓碑は左奥）

神通力抜群のサウだが、一つだけかなえるのが苦手な願い事がある。恋だ。

14歳で村の治安組織に入り、フランス軍との戦いに明け暮れ、17歳で逮捕された。乙女が一番心をときめかせる年頃に、彼女は祖国の独立しか考えなかった。恋など、知らない。

サウの故郷バリアブンタウ省には、レキマーというピンクのかれんな花が咲き、地元では「サウ」と呼ばれているそうだ。

ベトナムでは「サウ」をしのぶこんな歌がある。

花が咲く季節が巡って来た
私の故郷は赤い大地
村は女性英雄の名を呼んでいる
その女性は春のように美しい
国の独立のため、身を捧げた
(ベトナムの声放送より)

はらわたの抗議

サウの墓前で新年を迎えた私は、元旦に監獄巡りをした。年の初めとてベトナムでは旧暦の12月1日なので、監獄でも博物館でもどこでも開いている。まずはタイガーケージで有名な

「フーハイ・キャンプ」だ。

フーハイは、1862年にフランスが建てた島で最も古く大きい監獄で、ボー・ティ・サウもここに押し込められた。受付で2万ドン（約100円）を払うと、ノンラー（編みがさ）のお姉さんがコンダオ島のバッジを胸に付けてくれる。確か英語で「ここを訪れた勇気あるあなたに」というようなことを言った。

その意味は、歩みを進めるほどに深く理解できた。監獄の中で骨と皮だけになった裸の男性、足かせをはめられて殴打される人たち、タイガーケージで熱い石灰水を浴びせられる反抗者、自分の腹から内臓を掻き出して看守に投げ付ける女性（恐らく流産して精神の針が振り切れてしまったと思われる）。

はらわたを看守（手前）に投げつける女性のマネキン

これらはすべてマネキン人形である。しかし、つくりはとてもリアルで、これでもかと続く蛮行にゆがむ受刑者の表情にすい込まれ、まるで今ここにある奈落に自分も落ち込んでしまったように心が沈む。こんなときに限って訪問者は私一人で、風でドアが「ギギギ」と大きな音を立てたり、マネキンが突然動いて私に助けを求めたり（これは錯覚です。たぶん)、本当に怖かった。

過酷な強制労働

この島にはぜんぶで11の監獄があり、総面積は15万1334平方メートル、拘置房が127、独房が42、タイガーケージは504もあった。拘置房はスシ詰めで、過酷な強制労働も日常的に行われていた。

私はフーハイに隣接するフートゥオンやフーソン、米軍がつくったフーアンやフービンなどの監獄も見て回った。フーアンやフービンはほとんど放置されており、なまじ観光用に手が加えられていないだけに、かえって生々しい。

なぜかここでも私一人で、長く続くタイガーケージの獄舎に足を踏み入れたものの、恥ずかしながら背筋がゾクゾクして途中で引き返してしまった。だって当時のままの薄暗い牢屋ですよ、壁のあちこちには血痕みたいなのがこびりついているし。

私は物見遊山気分で始めた監獄巡りで、途中から深く頭を垂れ、「ありがとう」とつぶやきながら歩いた。

「あなたたちの尊い犠牲のおかげで、ベトナムは独立し、南北が統一され、今は目を見張るほど発展しています。日本はとても重要なパートナーで、私もハノイで仕事をさせてもらっています。ありがとう」と掌を合わせた。

犠牲の大地

監獄から厳粛な気持ちで抜け出してきた私は、ボー・ティ・サウ記念館やコンダオ島博物館も見て回った。ここでも改めて、監獄の劣悪な環境や、国家独立のために払った犠牲の大きさが蜿蜿《えんえん》と紹介されていて、私はもはや感動していた。

私の周りには、ベトナムのことを悪し様に言う人もいる。単純化してしまえば、「上は汚職まみれで、下は昼間からビールばかり飲んでいる」といった類の、まあ一部は真実のベトナム人論だ。

でも、幾つもの苦難の歴史を乗り越えてきたこの国は、あれほど多くの人たちが国家の独立のために流した血を幾層にも塗り固めた犠牲の上に成り立つ大地なのだという、これもまた一つの真実を、コンダオ島で思い知らされた。そして、私はいま一度、南の島に眠る2万人以上の、またベトナム全土の無数の英霊に向かって、「ありがとう」と合掌する。

フーハイ・キャンプの獄舎

楽園のランチ

監獄巡りで人間の残虐さに打ちひしがれた私は、気を取り直そうと遅いランチをシックス・センシズで食べた。ブラッド・ピット夫妻が宿泊した高級ホテルで、この施設一つで「監獄の島」を「ベトナム最後の楽園」にイメージチェンジさせてしまったと言っても過言ではないと思う。

ネットで調べると、最低価格でも1泊870万ドン（約4万3000円）である。それにしても門前払いはないだろう、取材だ、と割り切ってリッチなふりをして堂々と入った（バイクにサンダル履きだったけれど）。ちなみに私はこうやって旅行記を書いているけれど、費用はすべて自分持ち。楽しかったからいいんですけど。

私が入ったのはエレファント・バー。まずはメニューを紹介しましょう。バインミー（サンドイッチ）28万5000ドン（約1400円）、フォー・ガー（鶏肉フォー）29万5000ドン……あとはご想像にお任せします。これは私めが何度もやらかしてきたケタの書き間違いではありません。

テーブルは普通の机といすもあるけれど、バーカウンターのいすはブランコ、高台から海が見下ろせる場所はベッドになっている。よくある海辺の簡易型ではなく、シーツを敷いたふかふかのキングサイズだ。私はベッドに寝転んで一番安いサイゴン・ビールを頼み、バインミーを頬張った。

昔は横になってご飯を食べたりしたら、ひっぱたかれたけどなあ……。ホテルのプライベートビーチでは白人のカップルが散歩している。いま見てきたばかりの地獄の光景がオーバーラップする。この国はアイツラにあんなひどい目に遭わされたんだよなあ……。バインミーからレタスがこぼれ落ちて我に返る。でも日本もひどいことしたんだろうなあ……。

エレファント・バー

お客の半分以上は欧米人だろうか。隣のベッドでは子どもたちがはしゃいでいる。ビールのお代わりを頼む。スマホのLINEで日本の家族に写真を送って高級ホテルのランチを自慢し、他愛のない会話を交わす。家族は成田山で初詣を楽しんでいた。平和っていいなあ……。
監獄のマネキン人形たちがまた顔を出す。割れた腹から自分の内臓を掻き出して看守に投げ付ける女囚。
3本目のビールを頼む。酔いで感情が高まり、いま自分が享受している安楽と、彼女の激烈な痛みのとんでもないギャップ

かけ直す。を思い、涙がこぼれそうになる。いつの間にか私は泣いていた。頭に載せていたサングラスを

どうにも涙が止まらないのは、実はそんな外づらのいい理由ばかりではなかった。むしろ単身赴任オヤジのホームシックだったかもしれない。正月に南の島で監獄巡りなどして1人で遊び、家族に辛抱をさせている後ろめたさだったかもしれない。

あるいは私をよくひっぱたいたおふくろが、2カ月前に死んだせいかもしれない。大腸がんで、最期は腸が全部で70センチしかなかった。すみません、こんな個人的な話で。

小さな不戦の誓い

シックス・センシズを出てダムチャウ・ビーチに行った。空港からすぐ近くだが、バイクでも足を取られるような砂地の細い山道を抜ける穴場で、観光客は私以外、すべて欧米人だった。Tバックで胸のひもをほどいて日光浴しているまぶしい姿もあって、テレビでしか見たことのない南仏のリゾート地みたいだ。

監獄だの家族だのTバックだのがごちゃごちゃになって強いアルコールがほしくなり、今度は折りたたみのビーチベッドに寝転んでウオッカを頼んだ。5万ドン（約250円）のミニボトルをラッパ飲みしながら、ぼんやり海辺を眺める。

ベトナムのビーチと言えば、ベトナム戦争を描いた映画『地獄の黙示録』のサーフィンシー

ンの荒波が有名だが（ロケ地はフィリピン）、ダムチャウは内海で波もほとんどなく、なぎさで子どもたちが戯れる至って平和な光景だった。

私はいつもポケットに入れている小さなメモ帳に、酔った勢いでいろいろな事を書き殴った。後で読み返すとほとんど意味不明な言葉の羅列だったが、その中にこんなのがあった。

「戦争を起こさないために、あらゆる努力をすること」

カッコつけてると思われてもいいです。でも本当に、戦争は、ダメ、です。絶対に、ダメ、です。

ダムチャウ・ビーチ

監獄行き!?

ビールとウオッカで幸せになった私は、もう暗くなったビーチからの帰り道、たぶんバイクで幸せそうな運転をしていたのだと思う。警察のバイクがサイレンを鳴らして近寄ってきた。私は監獄行きを観念した。

ところが、2人組の若い制服警官は「ヘルメットをかぶれ」とだけ注意して去っていった。私はシートの下からヘルメットを取り出してしっかりかぶり、この島が大好きになって、またアクセルをふかした。

ソンミ村

戦争は、狂気だ。1968年3月16日、ベトナム中部クアンガイ省ソンミ村。アメリカ陸軍の部隊が、たった14人で、無抵抗の村人504人を虐殺した。

そのホロコーストの舞台に建てられた「ソンミ記念館」を訪れた。当時の様子を再現したジオラマやマネキン、遺品や武器の陳列、報道の紹介、504人の慰霊碑、点在する墓碑、弾痕の残るココナツの木。

初夏の暑い日で、のどかな農村地帯の一角だったこともあり、勉強不足だった私は「こんなこともあったんだな」などと脳天気に考えていた。

虐殺の様子を再現したマネキン

私がその狂気に震えたのは、後に『ソンミ　ミライ第四地区における虐殺とその波紋』（草思社）を読んだときだ。まだ駆け出し記者だったシーモア・ハーシュ氏が書き、「ベトナムに平和を！　市民連合（べ平連）」を結成した小田実氏が翻訳したノンフィクションである。

そこには、14人の米兵が取った行動が詳細に記されている。胸が悪くなるのでここでは書かない。その異様さは、第1章の米兵と記者の次のやりとりに集約されている。

「この戦争の中で起こっていることは、あなたには信じられませんよ」

「どんなことかね?」

「いったところで、あなたには信じられませんよ」

軍は事件を隠蔽《いんぺい》した。しかし、ハーシュ氏をはじめ多くのジャーナリストによって、ソンミ虐殺事件をはるかに上回る蛮行が、ベトナムの至る所で行われていたことが次々に明らかになる。

「あなたはどうか」

特に歴史学者でもあるニック・タース氏は10年以上かけて調査報道に取り組み、『動くものはすべて殺せ　アメリカ兵はベトナムで何をしたか』(みすず書房)で、ベトナム戦争の実態を暴いた。

ソンミ村の事件では、14人が殺人罪で起訴されたが、有罪になったのは部隊を率いたカリー元中尉だけで、1971年に終身刑が言い渡された。しかしすぐに減刑され、国際的な非難にもかかわらず3年で出所している。

小田実氏は『ソンミ』の訳者あとがきで、事件は「ウンザリするほど正常」で「ふつうの人間」によって起こされたものだと論じている。そして一言問う。「あなたはどうか」と。

重いクエスチョンだ。私なりに解釈すれば「自分が正常でふつうの人だと思っているあなた。戦場で常に死の恐怖に包まれているとき、ふつうでいられますか。あなただって簡単に加害者になり得るんですよ」という問題提起だろう。

狂気を繰り返さないためには、何を、どうすればよいのか。日本国憲法は、自衛隊は、国連平和維持活動（ＰＫＯ）は。過去の歴史をただ眺めるのではなく、今現在の、そして将来の、自分自身の問題として考えなければならない。とても難しい。

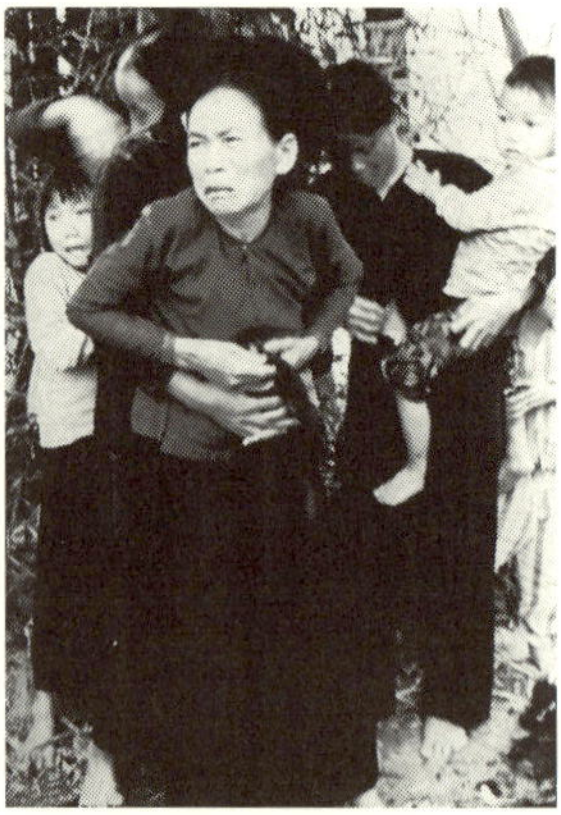
虐殺される直前の婦女子
(Universal Images Group/アフロ)

クチ・トンネル

問題です。世界一長いトンネルはどこでしょう？　答えはアルプスの山々を貫くスイスの鉄道トンネル「ゴッタルド・トンネル」で全長57キロ。２０１６年６月に開通し、青函トンネル（53・85キロ）を抜いたと日本でもニュースになった。

なんのなんの、ベトナムにはもっと長いトンネルがある。南ベトナム解放民族戦線の地下要塞「クチ・トンネル」だ。ホーチミンの北西部に位置し、武器庫、作戦会議室といった軍事施設はもちろん、居住スペース、炊事場、病院、学校まであった。

網の目のように張り巡らされ、落とし穴など忍者屋敷のような罠で米軍を苦しめた。総延長は何とカンボジア国境付近まで200キロに及ぶ。満足な道具などないから、割れた茶碗のかけらでも固い岩盤を掘り進んだという。独立と自由という希望に向かって。本当にどえらい人たちだと思う。

クチ・トンネルの入り口。ふたをすればまったく分からない

クチ・トンネルは今ではテーマパークのように整備されていて、実際に観光用のトンネルに入ることもできる。当時の大きさを再現した入り口は私がやっと入れるくらいで、お尻が私の倍はありそうな欧米人がつっかえて「オーマイガッ」と面白がっている。アメリカから来た若者のグループは、地雷で立ち往生した米軍の戦車の上で記念撮影。40年なんてあっという間だなあ。

ここには実弾の射撃場もある。私はベトナム戦争で米軍が実際に使用したというマシンガンを撃ってみた。四輪駆動車に据え付けられた観光用のアトラクションとはいえ、人を殺すことを目的につくられた機械を動かしたのは生まれて初めてだった。

1分間に600発の連射が可能という怪物は、ヘッドホン型の耳当てをしても鼓膜が痛いくらいの大きな音と、手がしびれるほどの振動があり、精神的にも吹っ飛ばされた。「こちら側」でこれだけの衝撃があるのに、「向こう側」にいたらどれだけの恐怖だろう。

マシンガンと茶碗のかけら。ベトナム戦争の勝敗を分けたのは、少なくとも物質ではなかった。

実弾が撃てるマシンガン

フーコック島で南北統一を考える

タイ湾に浮かぶフーコック島に行ってきた。ベトナム最大の島で、美しいビーチとヌクマムの産地として有名な観光地だ。旅行パンフレットには見事な海岸線や息をのむような夕日の景観が紹介されている。

この島にも大きな監獄があり、ベトナム戦争時代にはチュオン・タン・サン国家主席も収監されていた。その監獄はココナツ（ベトナム語でカイズア）プリズン。フランス植民地時代に建設された40ヘクタールの広大な収容所で、１９５４年にディエンビエンフーの戦いでベトナムがフランスを打ち破り、ジュネーブ協定が成立すると、約1万４０００人もの収監者が解放された。

　ベトナム戦争が始まると、米軍と南ベトナムが共産主義者の「再教育キャンプ」として再建。

ココナツ・プリズン

南部ロンアン省生まれのサン氏は、「自国の傀儡《かいらい》政権」に反発してベトナム労働党（現共産党）に入党し、さまざまな工作活動を行っていた１９７1年に逮捕・収監された。

　収容所の中では、ゲリラのアジトなどを聞き出すための拷問が凄惨《せいさん》を極めた。２００９年3月にここを再訪したサン氏（当時は共産党書記局常務）はスピーチで、自身が目の当たりにした光景をこう語った。

「看守は焼けた鉄の棒で収監者の体を貫き、歯を抜き、爪を剥ぎ、熱湯に放り込み、麻袋に収監者を入れ、そこに燃えている石炭を投げ入れ、炎天下のタイガーケージに閉じ込め、人の排せつ物を飲ませ……」。このスピーチはプレートに刻まれ、獄

チュオン・タン・サン
国家主席（AFP＝時事）

舎に掲げられている。

収容所では45種類の拷問が行われ、5年間で約4000人が命を落とした。今では島の観光スポットになっており、すさまじい拷問の様子がマネキン人形で再現されている。サン氏は1973年にパリ和平協定が成立するまでの2年間、この地獄で過ごした。

私はサン氏を何度も取材している。政府開発援助（ODA）や外国直接投資（FDI）を注ぎ込む日本人と会うときは、いつもにこにこ外交スマイルを保っているけれど、あの笑顔の奥にはこの暗黒の経験も刷り込まれているのだ。

初の「南部出身書記長」ならず

サン氏は2016年に開かれた共産党大会で、次期書記長候補の一人だった。ライバルのグエン・タン・ズン元首相は最南端のカマウ省出身で、どちらかが書記長に上り詰めれば、南部出身の指導者が初めてベトナムのトップに就任すると注目されていた。

しかし結果は、ハノイ出身のグエン・フー・チョン書記長の続投となり、分厚い「北の壁」は崩せなかった。

南北ベトナムはサイゴン陥落を経て1976年に統一されたけれど、統一とは名ばかりで、実質的には北による南の併合だった。南ベトナム解放民族戦線は北と連携してあれほど多くの血を流したのに、統一後は共産党から厚遇されたとは言い難い。

ちなみに南北統一後の書記長と出身地は、レ・ズアン（クアンチ省）－チュオン・チン（ナムディン省）－グエン・バン・リン（フンイェン省）－ド・ムオイ（ハノイ市）－レ・カ・ヒュー（タインホア省）－ノン・ドク・マイン（バクカン省）－グエン・フー・チョン（ハノイ市）と、すべて旧北ベトナムから出ている。

ベトナムは北と南で気候はぜんぜん違うし、その気候のせいか人の気質もだいぶ違うし、言葉だってちょっと違う（日本の駐在員でさえ色に染まって東京人と大阪人のような違いがある）。

フーコック島の夕焼け

南ベトナム（ベトナム共和国）の実体はサイゴン陥落で消滅した。しかし、監獄にも引けをとらないくらいの苦難を乗り越えたボートピープルがアメリカに打ち立てた「自由ベトナム臨時政府」は今でも組織されているし、日米欧豪に拠点を置くベトナム革新党（ベトタン）は、共産党一党独裁に反対する活動を展開中だ。

南北間のわだかまりを完全になくすには、まだかなり時間が必要だろう。でも、南部から書記長が出れば、何かがちょっぴり変わるかもしれない。

カンザーの森

日本の旅行会社が企画した「フォトジャーナリスト・中村梧郎さんと行くベトナムの旅」に同行させていただいた。中村氏はベトナム戦争で米軍がまき散らした枯れ葉剤の被害を活写し、世界に発信し続けている報道写真家だ。

ルンサック基地の跡地で共産党員の入党式が行われていた

一行がまず向かったのは、ホーチミン市郊外のカンザー国立公園。4万5000ヘクタールの広大なマングローブの森で、2000年に国連教育科学文化機関（ユネスコ）がベトナム初の世界自然遺産として認定した。

ベトナム戦争時代には、南ベトナム解放民族戦線の拠点の一つとなった（ルンサック基地）。この森に一歩入れば、その理由が分かる。マングローブの根は潮が満ちれば水に漬かるので、酸素を吸うために地上にも張り巡らされる。足元は複雑怪奇なジャングルジムで、軍靴で歩くのは難しい。上空からでは、生い茂る葉で地表の動きはまったく分からない。ベトナムの兵士は「自然のとりで」をはだしで自由に動き回り、ゲリラ戦で米軍を翻弄《ほんろう》した。

だから、米軍は枯れ葉剤を、ここにも大量に散布した。そして、森は丸裸になった。公園のあちこちには、ベトナム戦争当時の様子を再現したマネキン人形が配置されているのだが、出陣前に自分たちの葬式をあげる兵士たちの姿もあった。

文字通り退路を断って戦った彼らは、今度はサイゴンの北西クチに総延長200キロにも及ぶトンネルを掘って地下にもぐり、まさにアリが巨象を打ち負かした。

マングローブとサギ

カンザーの森は終戦後、植林によってほぼ復活した。多数のサルも生息している（人を恐れずかなり生意気。私は手にしていたアイスを狙って飛び掛かられたが、暑かったので死守した）。ワニの餌やり、カニ釣りなどのアトラクションもあり、今では人気観光スポットだ。

野田のさぎ山

でも、元に戻らないものもある。カンザーの森から直線で約

4400キロ離れたさいたま市のさぎ山記念公園。ここにはかつて「野田のさぎ山」と呼ばれた広大なサギの営巣地があった。一時期は3万羽ものサギが巣ごもり、1952年に国の特別天然記念物に指定された。

しかし、60年代半ばからその数が激減し、72年にはついに営巣しなくなった。その理由は特定されていないが、中村氏は「時期的にみて、ベトナム戦争の枯れ葉剤作戦と関連しているのは間違いない」とみる。野鳥研究者がサギの足にリングを付けてルートをたどった結果、野田のサギがベトナムから飛来していたことも確認されたという。

カンザーの森は時間をかけて再生し、多くのサギがまた羽を休めるようになった。でも、今度は「野田のさぎ山」で宅地開発や道路整備が進んでしまい、サギが安住できる環境ではなくなってしまった。国は84年、特別天然記念物の指定を解除した。

さいたま市に聞くと、サギ激減の原因をベトナムとは結び付けていないという。でも、私は心情的には中村説を支持する。時代に押し流されて行き場を失うのは、いつも弱者だ。

「ベトナム戦争は終わっていない」

カンザーの森からホーチミンに戻り、マジェスティック・ホテルのブリーズ・スカイ・バーで中村氏にインタビューした。5階にあるオープンエアのバーは、ベトナム戦争当時、各国の外交官やジャーナリストの情報交換の場となり、サイゴン陥落直前にはロケット砲弾が直撃した。

そんな歴史を刻み込んだバーで、ウイスキーのグラスを傾けながら、ベトナム戦争、特に枯れ葉剤問題をリアルタイムで世界に発信し続ける中村氏の話を聞く。時計の針がぐるぐると逆回転して、気分はもう戦争特派員《ウォー・コレスポンデント》である。

中村梧郎氏の写真は大きな陶板に焼き付けられ、戦争証跡博物館の屋外に設置されている
左から5番目が中村氏

中村氏にはこれまで何度か取材していて、そのたびに「枯れ葉剤問題は何も解決していない。ベトナム戦争は終わっていない」と繰り返す。

アメリカは、ベトナム人の枯れ葉剤被害者に対しては、補償どころか謝罪さえ拒んでいる。中村氏は「もし罪を認めてベトナム人に補償してしまうと、ベトナム戦争に派兵した韓国、オーストラリア、ニュージーランド、タイ、フィリピン、台湾と、対象が一気に広がってしまう。アメリカ政府はダナンの土壌浄化を始めたが、それとは別で補償問題は難しい」とみる。

枯れ葉剤をまく米軍機
（dpa／時事通信フォト）

「枯れ葉剤は沖縄問題」

「今や枯れ葉剤は沖縄問題だ」とも指摘する。2013年6月、沖縄市の米軍基地跡から「ダウ・ケミカル」の社名が記載された多数のドラム缶が見つかった問題が大きく報道された。実はこの「火付け役」も中村氏だ。ドラム缶の情報を入手した中村氏は、情報が闇に葬り去られることを危惧し、報道機関全社に連絡して一緒に現場に出掛けた。

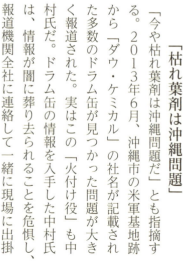

報道されて後に引けなくなった防衛省は調査の結果、「枯れ葉剤とは断定できない」との見解を示した。しかし中村氏は「米軍の顔色をうかがっている。権力はある目的を達成するために平気でうそをつく」と突っぱねる。

話は、憲法解釈の変更による集団的自衛権の行使容認など、安倍晋三政権の政策にも及んだ。「今の日本はめちゃくちゃだ。閣議決定が憲法の上にあるなんて、いつ何が起きてもおかしくない」。語気が鋭さを増すのは、アルコールのせいではないだろう。そして、「それを正すのはジャーナリズムしかない」という言葉に身が引き締まる。

力強く生きる人々の記録

ジャーナリズム、特に映像メディアが果たすべき役割について、フリーランスの後藤健二さんらが過激派組織「イスラム国」に殺害された事件に絡めて聞いた。この問題はメディアに、「報道することによってテロ集団を助長していないか」「残酷映像をどこまで報じるか」という重い課題を突き付けている。

中村氏の答えは「現場はそのまま伝えるべきだ」と明白だった。残酷映像についても、「戦争は殺し合いで、敵も味方も死人が出るものだ。残酷という理由で死者を見せないのは詐欺に近い」と言い切る。

ちょっと意地悪な質問をしてみた。「犠牲者が自分の親や子どもでも?」。「報じるべきだ。事実を隠すということ自体が間違いだと思う」。強い人だ。

こう書くと、ものすごいコワイ人をイメージするかもしれないが、本当に物腰の柔らかい、誠実にていねいに受け答えする、古希を過ぎた写真家である。だから、よけい言葉に重みがある。

ベトナム戦争も、中村氏の仕事も、まだ終わっていない。

今でも拷問の後遺症に悩まされているバンさん

ココナツの指輪

「中村梧郎さんと行くベトナムの旅」一行は監獄の島・コンダオ島に飛んだり、ホーチミン市内の旧跡めぐりをしたり、盛りだくさんのスケジュールをこなした。私は残念ながら全行程には同行できなかったが、ベトナム戦争時代にコンダオ島送りにされた元政治囚3人との懇談に同席させていただいた。

ホーチミンの戦争証跡博物館で行われた懇談ではまず、グエン・ティ・フィ・バンさんの話を聞いた。バンさんは1946年にサイゴンで生まれ、解放運動に奔走していた女学生のときに2度逮捕された。

バンさんは、監獄で行われた拷問の様子を詳しく聞かせてくれた。鉄を仕込んだゴム棒による殴打（ゴム棒は外傷が目立たない）、電気、水責め、手足を縛られて宙づりにされる「飛行機」。一番怖かったのは電気で、性器にまで電極をつながれ、強い電流で何も分からなくなった。体全体が変形するほど責めさいなまれ、今でも後遺症に悩まされている。それでも、アジトの場所や仲間の情報を漏らさずに耐え抜いた。「正義は必ず勝つ」「平和の価値がどれくらい大きなものか、深く理解できる」。そんなバンさんの言葉が、頭の中で重く響く。

死刑囚

他の2人は、夫婦だった。まさかここで戦場のラブストーリーを聞けるとは思ってもいなかった。

南ベトナム解放民族戦線の運動に参加していた大学生のチュオン・タイン・ザンさん（1939年生まれ）は、女子高生の「同志」レ・トゥ・カムさん（1948年生まれ）に思いを寄せていた。

「戦場の恋」を実らせたザンさん（左）とカムさん

ザンさんは戦闘部隊に配属され、1965年に逮捕される。通常なら学生は極刑にならないが、武装していたため、67年に死刑判決を受けた。ただ、時を同じくして北ベトナムが米軍のパイロットを拘束し、「学生に死刑を適用したらパイロットを殺す」と通告、執行を免れた。

死刑囚だから、扱いはより過酷だった。コンダオ島では、最初からタイガーケージに放り込まれた。独居房にも監禁された。ここに長くいれば、普通の人なら精神に異常を来す。

しかし、ザンさんは持ちこたえた。ザンさんを支えたのは、

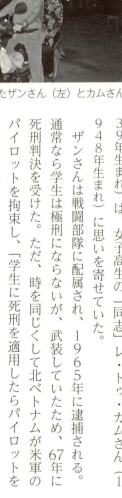

勝利を信じ、解放後にカムさんにプロポーズするという夢だった。「彼女に失望されないように、どんな拷問を受けても、絶対に仲間を売らなかった」（ザンさん）。そして、たっぷりの愛と揺るぎない希望を込めて、ココナツの皮でプロポーズ用の指輪をつくった。

楽観（Lac Quan）

カムさんは、なるほど、ザンさんが首っ丈になるのがうなずける、聡明で明るい女性だった。19歳のとき逮捕されたが、「敵は武器を持っている。私たちの武器は楽観的な精神だ」と前向き、「敵の監獄を、味方の革命学校に変えよう」という運動に加わった。

市内トップのサイゴン高校で勉強したカムさんは、自らも先生役になり、他の服役囚に文字や算数を教えた。段ボールや床が黒板になり、割れた茶わんや薬のアスピリンがチョークになった。もちろん激しい拷問も受けたが、「楽観精神があったので痛くなかった」そうだ。楽観はベトナム語でも「Lac Quan」だが、カムさんの「Lac Quan」はだいぶ意味が違うような気がする。拷問を受けて痛くないわけがない。並外れた精神力である。

獄中ではカムさん自身も猛勉強し、「逮捕されたとき、革命家としては初級だったが、解放されたときにはハノイの幹部に負けないくらいの知識があった」という。そのかいあって、解放後はホーチミン市の幹部になり、文化局副局長、文化大学長、文化遺産協会会長などを歴任した。

時計の針を1975年に戻そう。4月30日、サイゴンが陥落し、南ベトナムは解放された。やっとザンさんの夢がかない、カムさんにココナツの指輪でプロポーズした。11月10日、ベトナムの伝統にのっとり、今度はちゃんと金の指輪を贈って結婚。ザンさんはにこにこ「私は世界で一番幸運な男です」と話す。

「楽観的な思考は、得てして楽観的な結果を生む」。これは、坂場三男・元ベトナム大使から聞いたベトナム人論だ。ベトナムが中国にもフランスにもアメリカにも負けなかった大きな理由の一つかもしれない。

ツーズー病院

ドクさんと平和村

私が次に同行したのは、ホーチミンのツーズー病院だった。ベトナム最大の産婦人科病院で、枯れ葉剤の影響とみられる結合性双生児「ベトちゃんドクちゃん」は1988年、7歳のときここで分離手術を受けた。

「お久しぶりです」。病院で事務員として働くグエン・ドクさんは、中村氏に日本語であいさつした。「おお」。ドクさんを、そして2007年に亡くなった兄ベトさんを、ずっと温かい目線でカメラに収め、陰に陽に支えてきた中村氏の顔がほころぶ。

ドクさんは06年に結婚し、双子を授かった。多くの支援を受けた日本に感謝の気持ちを込めて、長男はフーシー（富士）、長女はアインダオ（桜）と名付けた。「9月から小学校に入るので大変です」と、一家の大黒柱としての責任感がにじむ。

「大変」な理由の一つは、お金だ。ベトナムでは他のアジア諸国と同じように、所得向上に比例して教育熱が高まり、ドク家の双子も幼稚園から塾に通っている。最近義母が足を骨折し、医療費もかさむ。家計は火の車という。

実は「有名人」であるドクさんには、少なくない寄付金が寄せられる。しかし、個人宛てのお金でも、すべて枯れ葉剤被害者のための基金に入れている。「上を向けばいい生活がある。でも、下を向けば自分より苦しんでいる人がたくさんいる」と。まるで枯れ葉剤被害者という大きな家族の大黒柱のようだ。

中村氏はドクさんの奮闘ぶりを「自分の生活が苦しいのに、ばかだよなあ」と見守る。そんな関係が、30年以上続いている。

自立の金メダルを

「ベトナムの旅」の一行がドクさんと懇談したのは、ツーズー病院の一角にあるツーズー平和村だった。「平和村」は枯れ葉剤の被害を受けた子どもたちの治療・リハビリを行う施設で、全国に11カ所ある。ツーズー村には約40人が入院、20人が通院して自立を目指している。

平和村の近くには、ベトナム戦争の悲劇を紹介する戦争証跡博物館がある。ここにも枯れ葉剤コーナーがあって、正視するにはある種の意志が必要なホルマリン漬けの胎児や、手足の折れ曲がった人々の写真が展示されている。

平和村の衝撃は、その比ではない。人に見せるためのガラス瓶や写真ではなく、すべてが現実である。「残酷だからという理由で事実を伝えないのは詐欺に近い」という中村氏の言葉に押されて書けば、体が歪曲し、顔面が変形し、全身に入れ墨を彫ったような人たちが目の前にいる。

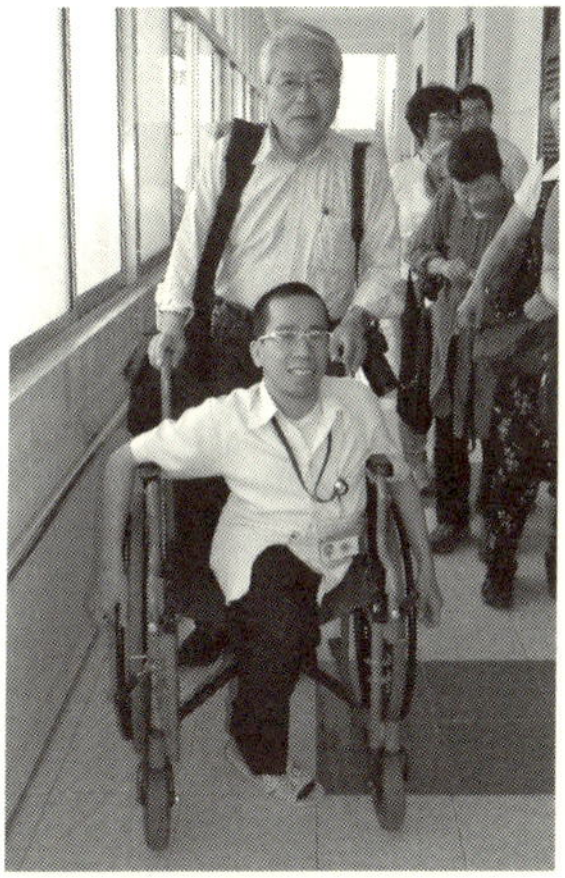
グエン・ドクさん（手前）と中村梧郎氏

彼ら入所者や、ドクさんたちスタッフは、ここで毎日戦っている。平和村は平和な村ではなく、戦争の被害者が平和を希求する村なのだ。

その活動が、だんだん実を結んできた。これまで8人が社会に巣立ち、3人はツーズー病院のスタッフとして働いている。「卒業生」のグエン・ホン・ロイさんは、2013年にミャンマーで開かれた東南アジアの身体障害者競技大会「パラゲームス」で水泳に出場し、見事銅メダルを獲得した。

2020年の東京パラリンピックには、ここからだれか出場できるだろうか。いや、そんな大それた舞台でなくていい。1人でも多くの入所者が、社会という普通の、しかし一番大きな舞台で、自立という金メダルをゲットしてほしい。

ヒーローの模範回答

1975年4月30日午前11時半、北ベトナム軍の戦車がサイゴンの大統領官邸に突入し、北軍は前日に就任したばかりの南ベトナムのズオン・バン・ミン大統領らを拘束した。サイゴンは陥落し、ベトナム戦争が終わった。

そしてサイゴンはホーチミン、大統領官邸は統一会堂に名前が変わった。その統一会堂に隣接する国営宿泊施設で、ベトナム戦争終結40周年の記念式典に招かれた2人の退役軍人にインタビューした。大統領官邸の鉄門を突き破った戦車に乗っていたヒーローである。

名誉の一番乗り

レ・バン・フオン氏（1947年生まれ）は技術者で、食糧や燃料調達も担当していた。4

月29日、中国製の戦車「390号」の第2砲手が戦闘で負傷し、代わりを務めることになった。「技術者だから、砲手でも何でもできた」という。

30日朝、サイゴン川の対岸に陣取っていた南軍の戦車2台と交戦して炎上させると、上空に南軍の戦闘機が2機飛来した。サイゴン橋が爆破されることを危惧し、急いで戦車で渡った。

歴史の教科書では、北軍はサイゴンの米兵や民間人が完全に撤退するまで突入を待ち、「無血入城した」と説明されるが、小規模な衝突は各地で起きていたそうだ。

大統領官邸の正門を突破した戦車「390号」(左)と、副門で立ち往生する「843号」
(レ・バン・フオン氏提供)

ただ、大統領官邸に近づくにつれ、市内は静まり返り、市民は家の扉や窓を堅く閉ざして「解放軍の到着」を見守っていた。フオン氏らは「速く、より速く。勇敢に、より勇敢に」というボー・グエン・ザップ将軍の指示に従い、目標の大統領官邸に突進し、名誉の一番乗りを果たした。

実は、ベトナムでは長らく、一番乗りは「390号」ではなくソ連製の戦車「843号」とされていた。大統領官邸の屋上に駆け上がり、北ベトナムと南ベトナム解放民族戦線の旗を打ち立てたのは、843号のブイ・クアン・タン隊長だったからだ。

その「誤解」は後に、大統領官邸にいたフランスの女性写真家が撮った写真で正される。390号が正門を突破する一方、843号は副門の手前で立ち往生しているのだ。その写真が1995年、フランスの写真展で公開されると、フオン氏らは一躍国民的ヒーローに……ならなかった。

当局が華々しく顕彰することもなく、太平洋戦争で硫黄島に星条旗を掲げた米兵らのように、メディアにイタズラに持ち上げられることもなかった。退役したフオン氏は現在、ハノイ市郊外で月に3万円ほどの年金を頼りにひっそりと暮らしている。

もっとヒーローとしての扱いを受けてもいいのではないか。そう聞くとフオン氏は静かに笑って首を振った。「それは大きな問題ではない。私は国家統一のために小さな貢献ができたことを誇りに思う」。

「ホー主席に従い、共産党を信じた」

第1砲手のゴ・シ・グエン氏（1953年生まれ）の受け答えも、フオン氏と同じく「模範回答」だった。

―大統領官邸に突入したときの気持ちは。

戦争と帝国主義・植民地主義の終わりを意味していた。ホー・チ・ミン主席の意思に従い、市民としての責任を果たした。アメリカは強力だったが、共産党の思想を信じ、南ベトナムを解放し、国家を統一するために戦った。

—ヒーローとしてふさわしい扱いを受けていないのではないか。

われわれは戦争を好まないが、アメリカが軍隊を送り込んだ。人民は国家のオーナーであり、すべての若者や愛国者が立ち上がり、国家を守るために小さな貢献をした。名声は問題ではない。われわれはアジア人であり、ベトナム人で、奥ゆかしい。

レ・バン・フオン氏（左）とゴ・シ・グエン氏

—今のベトナムをどうみるか。

近代化・工業化を進めており、とても満足している。アメリカは経済制裁を解除し、通商協定を結び、かつての敵が友になった。われわれは戦って血を流すべきではなく、すべての紛争は対話による平和的解決を目指すべきだ。

スポークスパーソン

なんだか外務省報道官の記者会見に出席しているような気分になってきた。グエン氏は戦争で親類や仲間を失い、退役後は悠々自適とはいかず、港湾労働者になった。国家や世の中に恨みつらみもあるだろう。しかし、この国ではまだ、外国メディ

博物館に展示されている「390号」

アからインタビューを受けるような「ヒーロー」は、ネガティブな発言は許されない。

「コンダオ島の政治囚」や「平和村のドクさん」も、国家を代表するスポークスパーソンなのだ。当局が用意した「問答集」をそらんじているのかもしれない。そんな彼らから、いつか心からの本音を聞いてみたい。

ちなみに、大統領官邸に突入した2台の戦車は、２０１２年に国宝に指定された。「３９０号」はハノイの戦車・装甲車博物館に、「８４３号」はハノイの軍事歴史博物館に展示されている。２台のヒーローは何も語らず、ただ静かにたたずんでいる。

第8章 共産党一党支配のゆくえ

2016年1月のベトナム共産党大会（EPA＝時事）

戸は立てられない

取材先からたまに、実にあっさりと、まるで当然のごとく、「掲載する前に原稿を見せて」と言われることがある。苦笑いして首を横に振る。心の中で「ウチは御社の広報ではありませんよ」とつぶやきながら。

決して偉ぶるわけではないけれど、時事通信社は業界専門紙（「見せて」と言ってきた取材先によれば、頼めば原稿を見せてくれるという）でもなければ、広告料のために批判的な記事は書きにくいであろうフリーペーパーでもない。厳正中立をむねとする報道機関だ。

日本国憲法21条は、事前検閲を禁止している。これは中立報道が尊重されているためで、報道機関は原則として、記事を掲載前に取材先に見せることはない。もっとも裁判所の判断では、21条適用は行政機関に限られるとの認識が一般的ではあるが。

ただ、私は個人的に、インタビュー記事に関しては、事前に確認をお願いしている。これは聞き間違いもあるが、相手の「勘違い」「数字の言い間違い」などが意外に多いためだ。また、「お見せします」と最初から伝えることで、「（表に出るとまずい部分はチェックの段階で削除できるから）本音で話してほしい」というメッセージを送ることにもなる。

情報という怪物

ベトナムのジャーナリズムは、こんなかわいいレベルではない。共産党に批判的な記事を書いたジャーナリストや、政府を批判するブロガーの多くが逮捕・拘束されている。国際人権団体は厳しく非難しているが、言論統制がやむ気配はない。

2012年には、グエン・タン・ズン首相が政府職員に対し、政府・共産党批判（そのほとんどがズン首相批判）を繰り返す「クアンランバオ」などのブログの閲覧を禁止。それが報じられると逆にアクセス数が急増するというマンガのような顛末《てんまつ》もあった。

収監中の著名ブロガー、レ・クオック・クアン氏（EPA＝時事）

国際ジャーナリスト団体の「国境なき記者団（本部パリ）」がまとめた2017年の「報道の自由度ランキング」によると、ベトナムは175位で、180位（最下位）の北朝鮮、176位の中国と並んで毎年どん尻グループに居座っている。

ずばり言わせてもらえば、批判を禁じるのは自分に弱みがあるからだ。人だって自分に自信があれば、他人から何を言われようとさほど気にならないものだ。

報道の自由度ランキング

1	ノルウェー
16	ドイツ
39	フランス
40	イギリス
43	アメリカ
63	韓国
72	日本
148	ロシア
175	ベトナム
176	中国
180	北朝鮮

国境なき記者団：2017年版

最近のベトナムは「情報」という怪物を相手に焦っているように見える。この怪物は、最初は映画『グレムリン』のモグワイみたいにおとなしく、共産党がじろりとにらめば引っ込んだのに、ネットの中でどんどん数が増えて大きくなり、手に負えなくなってしまった。

増殖したモグワイは最後は太陽の光を浴びて滅ぶが、情報は映画のハッピーエンドのようにはいかない。人の口でさえ戸は立てられないのに、ネット情報をすべて管理するのは、少なくとも今のベトナム当局の力では無理だ。

だから、批判を禁止するのではなく、真摯《しんし》に受け止めて、不満なら言い返せばいい。人民はだれも政府や共産党の反論を規制しない。お好きなだけどうぞ。その代わりこちらにも言いたいことを言わせてください。それが言論の自由であり、国民を大切にする国家の基本だ。

ホーおじさんの国

5月19日はベトナムの国父ホー・チ・ミンの誕生日。たまたま日曜日でいい天気だったので、久しぶりにホー・チ・ミン廟に行ってみた。

覚悟はしていたが、やはりすごい人で、参拝の列は隣接する博物館の裏まで伸びていた。ディズニーランドの人気アトラクション顔負けだが、ファストパスは偉い人しかもらえないので、私は午前8時20分に並びはじめ、拝謁できたのは10時を回っていた。

ホー・チ・ミン廟。左奥が博物館（AFP＝時事）

私はここで、実にナイスな学生のカップルに出会った。廟では手荷物とカメラを列から少し離れた別々の場所に預けるのだが、係員の指示がよく分からずに戸惑っている私を見かね、自分たちが後ろからどんどん追い越されるのにも構わず、一緒に付いていきて助けてくれた。

こういう「人の良さ」がベトナムにはある。そして「ベトナム良い人ランキング」ナンバーワンは、何と言ってもホーおじさんだろう。ベトナム共産党が完璧な情報操作をして、後でつくり上げた偶像とはちょっと考えにくいから、恐らく本当に完璧な人格者であったと思われる。

ホーおじさんの人柄を伝える逸話は、ここではとても紹介しきれない。カップルに「なぜきょうここに来たの？」と聞くと、「特別な日だから」と言う。そしてこの長蛇の列。天国に行ってもこれだけ国民に慕われ続ける世界の指導者を、私は他に知らない。

ベトナムの政治システムは共産党一党独裁だが、中国など他の独裁国家とは違う「ホー・チ・ミン思想の国」と言われる。歴史学者の故桜井由躬雄《ゆみお》氏は著書『ハノイの憂鬱』（めこん）で、「ハノイには粛清がない。ベトナム共産党史の持つ明るさは――」と縷々《るる》解説し、「それはやはりホー・チ・ミンの存在だ」と結論付けている。

私自身ハノイに来て、日常生活では日本よりもはるかに自由を感じる（取材活動は別）。まちの人々の表情も明るい。多くの

親切なカップル

駐在員や旅行者から同じ感想を聞く。
ベトナム憲法の改正議論では、国名を1945年にホーおじさんが独立宣言した際の「ベトナム民主共和国」に戻そうという案も出たが、結局「社会主義共和国」のままで行こうということになった。
「民主主義は最悪の政治形態だ。他のすべての形態を除けば」というチャーチル元英首相の名言を引用するまでもなく、人類は今もなお最善の政治経済システムに到達していない。

旧ソ連式の社会主義体制下で、ドイモイでかじを切るまであれほど暗い時代を経験したのに、まだあきらめずに理想国家建設を目指すベトナムの根性は見上げたものだ。まるでひたすらに一途な愛を貫くアオザイ美人のようではないか。近未来にホー・チ・ミン思想を根幹に据えた、新たなシステムが出現する可能性だってなくはない。

ザップ将軍の死

ベトナムの国民的英雄、ボー・グエン・ザップ将軍が2013年10月4日、ハノイ市内の病院で死去した。102歳の大往生だった。

若き日のボー・グエン・ザップ将軍（AFP＝時事）

ホー・チ・ミン国家主席の腹心として、第1次インドシナ戦争でフランス軍、ベトナム戦争で米軍を打ち負かし、欧米が「赤いナポレオン」と恐れたスーパーヒーローだから、国民は将軍の自宅を気の遠くなるような長い列に並んで弔問に訪れ、国家葬儀場で大規模な国葬が営まれた。

メディア統制

将軍が死去したのは午後6時すぎ。ほどなくソーシャルメディアで情報が流れ、欧米の通信社も報じた。この「死去」情報は、病院関係者など複数の筋から比較的簡単に確認できた。

しかし、ベトナム外務報道官は「正式に発表されていないのでノーコメント」、普段は気さくな外務省高官や共産党員は「申し訳ないが、私は答える立場にない」という対応。ベトナム国営通信（VNA）やベトナムテレビ（VTV）も一切報じない。

この国では、共産党や政府の広報機関でもあるメディアは、国葬級の偉人の死について、共産党の正式発表があるまで報道できないのだ。ベトナムの声放送（VOV）は当日（4日）夜に「勇み足」でウェブサイトにニュースを掲載してしまい、あわてて削除し、編集局長が懲戒を受けたという。

ザップ将軍のひつぎの搬送。沿道では数百万人の市民が見送った（AFP＝時事）

弔問の列は共産党批判？

ザップ将軍死去の報道は、VTVが翌5日の正午のニュースで報じてから「解禁」された。

それからはザップ報道一色で、テレビも新聞も将軍を称賛する番組や記事であふれ返った。将軍の自宅には連日長い弔問の列ができ、私は取材で中に入れてもらえたが、ベトナム人の助手は認められず、日を改めて一般の列に6時間以上並んだ。13日のひつぎの搬送では、数百万人の市民が沿道で見送った。

あの群衆をどう解釈したらいいのだろう。単純かつ素朴に「これほど国民から尊敬され、愛された指導者」と書くこともできる。ただ、私は「歴史的なイベントに参加したい人々（特に若者）」が多いという印象を受けた。国家の指導者が弔問のために自宅を一般開放したのは、将軍が初めてだったということもある。

一方、あるベトナム研究者は「あの長い列は共産党批判だ」と厳しい分析をする。ザップ将軍は晩年、共産党の汚職体質などを歯に衣着《きぬ》せず批判していた。共産党もさすがに将軍を黙らせることはできず、国民は内心で将軍に喝采を送っていたのではないか、という見立てだ。実際、将軍の死で「ほっとしている」向きがフンブオン通り界隈《かいわい》（偉い人がたくさんいます）にいるかもしれない。

国家反逆罪

個人的な失敗談を一つ。

ザップ将軍の国葬は荘厳だった。追悼式典では前々書記長のレ・カ・フュー氏、前書記長の

国家葬儀場

ノン・ドク・マイン氏らお歴々が勢揃いし（初めて直接見た）、周辺の道路はすべて封鎖された。午後には一般に開放され、弔問の列が途切れることはなかった。午後6時に弔問が打ち切られると、市民が警備していた警官に食ってかかる場面もあったという。これはベトナムではとても珍しいことだ。

その日の夜10時ごろ、ふと「今はどうなってるんだろう」と思い立ち、国家葬儀場に行ってみた。すると昼間のものものしさがうそのように、人はほとんどおらず、特にチェックも受けず中に入ることができた。このあたりはいかにも大らかなベトナムだ。

私はザップ将軍があすのひつぎの搬送に備えて休んでいる斎場に向かっていま一度こうべを垂れ、手を合わせた。そして場内のベンチにごろりと横になり、「将軍は今のベトナムをどう思っているんだろう。満足しているのかなあ、それとも不満だらけなのかなあ」などとつらつら考えながら、まどろんでしまった。

小一時間もたったろうか。気が付くと、私は葬儀場に閉じ込められていた。高い門扉《もんぴ》はぴったり閉ざされ、よじ登ることもできない。広い葬儀場の中を歩き回ったが、人の姿は見えない。

私は焦って支局の助手に電話をかけ、助けを求めた。助手は「なんでそんなところにいるの！」と怒りながらも、あちこちに電話をかけて、葬儀場の奥とザップ将軍が入院していた病院の敷地がつながっていることを突き止めた。しばらく待っていると病院から人が来て、通路を案内してくれ、私は脱出できた。

もしあのまま閉じ込められていたら、ザップ将軍の号令一下、仏印進駐の恨みとばかり無数の英霊にやられてしまったかもしれない。いやまじめな話、もし翌朝憲兵に見つかったら、国家反逆罪か治安壊乱罪で逮捕されていたと思う。

憲法の軽さ

ベトナム国会は2013年11月28日、改正憲法を承認した。1992年以来20年ぶりの本格的な見直しになるはずだったが、共産党一党支配による社会主義国家建設を目指すという枠組みは不変で、一部改正にとどまった。

街角の風景が、ビニールシートの屋根とプラスチック椅子が乱雑に並ぶフォー屋から、ガラス張りの小ぎれいなレストランに急速に変わっていくような表層現象とは違い、国家の骨格は簡単には変わらないということなのだろう。

憲法改正委員会委員長を務めた
グエン・シン・フン国会議長
（AFP＝時事）

それにしても、私が取材を通じて感じたのはベトナムの憲法の「軽さ」である。

改正ドラフトを国民に公表したのは13年1月2日。それからたった2回の国会本会議であっさり承認した。採択した最終（第4）ドラフトが議員に渡されたのは、ホテルに泊まっていた地方選出議員が前日の夜10時。ホテル宿泊者以外は当日の朝、議員席に置かれていた。

そして朝イチの採決で、賛成486票、反対0票、棄権2票という圧倒的多数で可決した。こういう結果を見ると、改めてこの国の「怖さ」を感じる。非共産党議員も約40人いたのに、反対意見を許さない当局の締め付けは強力だ。

ドラフト公表後、最初の4カ月だけで国民から2609万1276件も意見が寄せられ、議論百出どころか「千万出」だったのに、国民の代表が集まる国会で反対ゼロというのは、さすがに首をひねらざるを得ない。

静かな改革

注目された「憲法評議会」の設置は見送られた。これは憲法の権威を高め、法律の合憲性を審査して国会の立法機能をチェックすることが目的で、法治国家建設への大きな一歩になると期待されていた。しかし、秋の国会が始まる前の第3ドラフトの段階で落とされた。

なぜか。私は、憲法評議会が「目の上のこぶ」になるのを、共産党が嫌ったためだと推察する。憲法は第4条で「共産党は憲法の枠内で機能する」と規定しているため、憲法があまりに光り輝いてしまうと、「国家と社会の指導勢力」である共産党の影がかすんでしまいかねない。ありていに言ってしまえば、あくまでこの国は「共産党の国」で、憲法は党と比べて「軽く」なければいけないのではないか。少なくとも現段階では。

その一方で、公正な選挙を目指す「国家選挙評議会」と、財政健全化を監督する「国家会計検査院」の創設が盛り込まれるなど、大きな制度改革にも踏み切った。選挙評議会は、もし完全に機能してしまったら（という言い方もヘンだが）、国会議員候補の選出という重要な役割を担う祖国戦線の機能低下につながり、党にとって厄介な存在になりかねない。

それでもあえて創設するということは、「静かな改革」は進んでいるのだと思う。この国らしく、下からの突き上げではなく、あくまで共産党主導で、とてもゆっくりしたペースで。

絶縁状

ベトナム共産党の現役幹部が、党に「絶縁状」をたたき付けた。

祖国戦線中央委員会民主化・法律諮問評議会副議長（元祖国戦線ホーチミン支部副議長）のレ・ヒエウ・ダン氏である。病気療養中で、2013年8月、憲法改正議論のさなかに

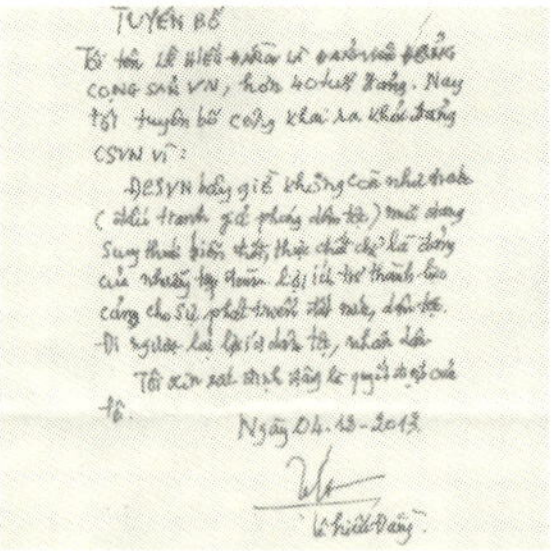

レ・ヒエウ・ダン氏の手書きの離党宣言（ベトナムのブログサイトより）

「病床にて」という意見書を発表し、共産党に対抗し得る「社会民主党」の創設を提案して注目を集めた憂国の士だ。

ダン氏はその4カ月後、インターネット上に手書きの手記を掲載し、公然と離党を表明した。手記にはこう書いてある。

〈私はレ・ヒエウ・ダンです。40年以上共産党員でした。私はここに、共産党から去ることを宣言します。なぜなら、共産党は以前と同じではなく、後退し、変質してしまったからです。実際、共産党は利益集団の党で、国家発展の障害になり、国家と人民の利益に反しています〉

この驚くべき党現役幹部の「決別宣言」について、ダン氏は英BBC放送に対し、国会の改正憲法承認がきっかけだと説明している。「国会は本当の力を持っておらず、人民の利益に反

しています。憲法は人民の望みに反し、特に土地問題では民主主義はありません。私は党を去らなくてはなりません。なぜなら、党員であり続ければ、責任を取る必要があるからです」。

「国会は解散せよ」

ベトナム国会は、改正憲法を圧倒的多数で可決した。ダン氏が憂慮する土地問題では、国民から要望が出ていた土地の個人所有は認められず、逆に「国家は必要なら土地を収用する」条文が盛り込まれた。

　憲法改正では2600万件以上の意見が国民から寄せられ、ドラフト段階では土地問題で反対意見も多かった。それなのに、国民を代表するはずの国会議員の反対がゼロというのは、どう考えても不自然だ。国民とは別の場所で政治が動いている実態を、世界に宣言したに等しい。

　米議会が出資して設立したラジオ局「ラジオ・フリー・アジア（RFA）」は、「ベトナム内部の声」として「国会は解散すべきだ」と報じた。これは、ブロガーのグエン・ラン・タイン氏の「声」で、タイン氏は「国会は国民の声を反映せず、信頼を失っている。ベトナムは変わる必要がある」と訴

ハノイ市郊外で土地の強制収用に抗議する住民
（EPA＝時事）

えた。

ただし、こういった「声」は、ほとんどのベトナム国民には届かない。厳しく統制された新聞や放送局が「憲法が改正されました。多くの国民の意見を取り入れた、とても良い憲法です」と宣伝するだけだ。ダン氏の離党も、私が調べた限りでは、国内メディアは一切伝えていない。

だから、国民は本音をフェイスブックなどのインターネット交流サイト（ＳＮＳ）にぶつける。そして政府は、当たり前のようにＳＮＳの抑圧に乗り出し、14年1月からＳＮＳでの政府批判に罰金刑を科す政令が発効した。残念ながら、ネット規制では民主化と完全に逆行する動きが続いている。

愛国の志士たち

それでも、私は、長期的にはベトナムの将来を楽観している。９３００万人が食べていくためには、経済が成長しなくてはならない。だから共産党は「社会主義市場経済」という、いまだに私がよく理解できないでいるシステムを採用し、工業化・対外開放を進めている。

そして、とても怖い隣国・中国の存在。この経済と外交の両面から、ベトナムは欧米や日本にすり寄っていかなくてはならない。そのためには、民主化はどうしても避けて通れない関門になる。あまりにあからさまな独裁政治は世界が許さない。

何より、レ・ヒエウ・ダン氏のような、勇気ある本当の愛国者がいる。ブログなどで政府を批判して逮捕された、50人以上の志士がいる。ベトナムは、変わる。変わることができる。

ハノイ市内でベトナム国旗と共産党のマークのポスターを書く人（AFP＝時事）

クアンドイ・ニャンザン紙の反論

一つ、ポジティブな事があった。先にレ・ヒエウ・ダン氏の離党宣言を「公的なメディアはどこも伝えていない」と書いたが、そのコラムが掲載された当日、人民軍の機関紙であるクアンドイ・ニャンザンが、ウェブサイトにダン氏の離党を批判する記事を掲載した。かなり長文で抽象的な文章だが、内容はだいたい以下の通りである。

・外国メディアは離党した人物を「ヒーロー」として持ち上げ、大げさに書き立て、プールの中で波風を立てようとしている。

・この手のジャーナリズム、特に自分たちを「言論の自由」「正直」「真実を尊敬する」「客観的」のモデルのように見

共産党のポスター（EPA＝時事）

立てるメディアは受け入れられない。

・共産党は「鉄の規律」を維持し、2011年に1万3700人、12年には1万5800人を懲戒した。

・最近は一部党員の劣化がより明瞭になってきた。彼らは度を越し、党について真実を語らず、中傷し、歪曲し、党の規律に背いた。

・彼らは遅かれ早かれ党から除名されることを知り、離党届を書いた。彼らは自分の個人主義を隠すために、「民主主義の戦士」「国家と人民を大事にする市民」というスーツをまとって党を中傷する。

・彼らは手書きの離党届をウェブサイトに掲載し、バーチャルな世界でヒーローになろうとしている。「新党設立」「新たなスタート」といった呼び掛けは、外国メディアが利用する政治的トリックにすぎない。

言論には言論で

クアンドイ・ニャンザン紙を評価したい。OK。こうすべきなのです。起きていることを伝えるべきなのです。そして、意見があればこのように書けばいい。読者に訴えかけ、判断を仰げばいい。

ダン氏ら「ヒーロー」（私は彼を勇気あるヒーローだと思っている）は言論で自分の思いを主張しているのだから、言論には言論で反論すればいい。

国際人権団体ヒューマン・ライツ・ウオッチ（本部ニューヨーク）によれば、ベトナムでは100人以上が政治的理由で拘束されているという。

私は自分で志願してハノイに来て、支局を立ち上げた。日本にとって極めて重要な国だし、ベトナムが好きだからだ。でも、自分を批判した人を逮捕してしまうような理不尽な国は嫌いだ。

言論には、力でなく、言論で。クアンドイ・ニャンザン紙のように。

追記

ダン氏はこのコラムが掲載された1カ月後、病院で死去した。信念を貫いた70年の生涯だった。ダンさん、あなたの後には多くの志士が続いています。あなたが灯した希望の明かりは決して消えません。どうぞ安らかにお眠りください。

コペルニクス的転回人事

2016年1月に開かれた共産党大会は「コペルニクス的転回人事劇場」だった。

ベトナムの最高指導者である党書記長は、だれもがグエン・タン・ズン首相（当時66歳）の昇格で決まりと思っていた。しかしフタを開けてみると、何とグエン・フー・チョン書記長（当時71歳）が続投することになった。会社に例えれば、ばりばりのやり手社長が年老いた会長に負けた構図だ。

共産党大会に出席したチョン書記長（右）とズン首相（手前）（EPA＝時事）

定年のおきて破り

ここで少し共産党大会について説明する。ベトナムの共産党員は約450万人。人口は約9300万人だから、人口の5％弱の人たちが国家を動かしていることになる。その党員の代表が5年に1度ハノイに集まって、党の大きな方針と人事を決めるのが共産党大会だ。

人事は大会の前に村、市、省、国有企業、学校などあらゆる細胞のレベルで積み上げてきて、党大会にやってきたその細胞の親分（2016年は1510人）がさらに自分たちの親分である「中央委員」を選ぶ。2016年は180人が選出され、20人の補欠も決まった。

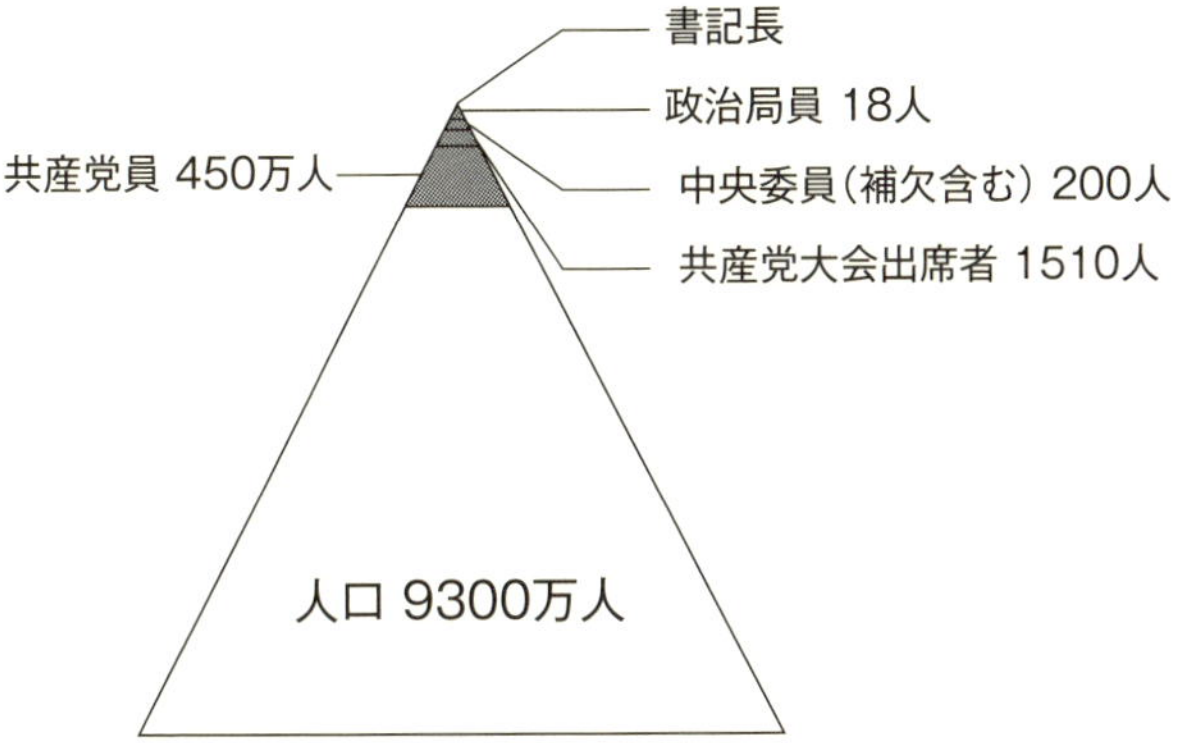

ベトナムのピラミッド

ベトナムには定数500の国会もあるが、ほとんど共産党が決めたことを承認するだけなので、この中央委員会が決定的に重要だ。多くの党員にとって、中央委員になることは目標でもある。

この中央委員の中から政治局員を選ぶ。政治局は党の最高指導部で、16年は19人（その後1人失脚して現在は18人）が「血で血を洗う」とも言われる権力闘争に打ち勝って局員まで上り詰めた。その「親分中の親分」が書記長だ。

共産党にはちゃんと定年制があって、原則は中央委員が60歳、政治局員は65歳。まあ「ベトナムのルール」だし、高齢化が進んでいるから例外はたくさんあるが、当のチョンさん自身が書記長就任の記者会見で「まさか年寄りの自分が選ばれるとは思っていなかった」と言ってしまうくらいのびっくり人事だった。

「ベトナムのゴルバチョフ」に反旗

なぜチョンさんなのか。最大の理由は「このままがいいな派（共産党守旧派）」の勝利だと思う。

ズン首相は非常にパワフルで、ドイモイ（刷新）をずんずん進め、仇敵のアメリカにすり寄り、外資を呼び込み、ベトナム経済を大きく発展させた。その一方で汚職のうわさや身内優遇の批判が絶えず、共産党の同志である中国にはコワモテで臨んだ。

共産党大会が開かれた国家会議場（AFP＝時事）

早稲田大学の坪井善明教授は「ズン氏はベトナムのゴルバチョフになり得た」と解説する。ゴルバチョフ元大統領はソ連でペレストロイカ（改革）とグラスノスチ（情報公開）に取り組み、東西冷戦を終結させた偉大な指導者だった。でも、その結果ソ連の共産党だけでなく、何とソ連自体も崩壊してしまった。

だからベトナム共産党内で、「このままではわが党がなくなってしまうのではないか」という危機感が強まり、マルクス・レーニン理論に精通し清廉なイメージのチョン書記長を神輿《みこし》に乗せて「反ズン連合」が出来上がった。共産党目線で見れば、スターウォーズのダースベイダーではないが、ダークサイドのズン帝国軍を、チョン書記長率いる同盟軍が見事やっつけたのだ。

共産党大会では、「党の憲法」とも言える共産党綱領はまったく改定されなかった。綱領には、マルクス・レーニン主義、そしてホー・チ・ミン思想に基づく社会主義国家建設を目指すという理想が掲げられている。

つまりベトナムは、少なくとも次の党大会が開かれる2021年までは、一党体制を固守することになった。問題は、5%に満たない人たちの判断が、どれくらい国民に寄り添っているかだ。

浜辺に打ち上げられた魚（AFP＝時事）

環境問題と民主化

9300万人を乗せたグエン・フー・チョン丸は、出港直後にいきなり大嵐に見舞われた。台湾（フォルモサ）プラスチック・グループが中部ハティン省で建設中の大規模製鉄所から、大量の汚染水が南シナ海に放出された環境破壊事件だ。

汚染水は製鉄関係の洗浄に使った化学薬品300万トンで、漏出（というか単純に何の処理もせずに捨てたとされる）は2016年4月6日から12日間も続いた。海水汚染は沿岸部だけで200キロ以上におよび、推定115トンの魚介類が死んだ。

政府は当初、ろくに調査もせずに「フォルモサと汚染は無関係」と発表。これで浜辺に打ち上げられた大量の魚を前に途方に暮れていた住民の、政府への不信感が膨らんだ。さらに、フォルモサの幹部が「魚を選ぶのか、製鉄所を選ぶのか」と言い放ったと伝えられ、地元だけでなく国民の怒りが爆発した（国民だけでなく、オバマ米大統領まで「私は魚を選ぶ」とコメントした）。

結局フォルモサは6月末になってようやく非を認め、5億ドルの補償金支払いで合意。政府は政府で「（グエン・タン・ズン首相の）前政権は環境問題に甘かったが、新政権は厳しく対処する」という姿勢をアピールした。

しかし、補償金はなかなか支払われず、住民の怒りは収まらない。年をまたいだ17年1月には数千人がフォルモサ工場前でデモを行った。「フォルモサは環境を破壊する犯罪者だ」「私たちは海と魚を愛する」「（魚の写真とともに）僕は生きたい！」などと書かれた横断幕を掲げ、「フォルモサは出ていけ！」と気勢を上げた。

フェイスブックで政府批判

実は、私はこのデモを直接取材していない。ではなぜ「まるで見てきたように」書くのかというと、SNSだ。デモ参加者が次々に写真や動画をフェイスブックにアップし、ほぼリアルタイムで情報が伝わる。

ドローンで上空から撮影した動画もあって、全体を俯瞰できる。警官がフォルモサの門をガードしているが、みんなが「スマホの目」で監視しているので手荒なマネはできない。もちろん現場で取材するに越したことはないが、「ひょっとすると現場にいるよりも全体の状況を正確に把握できるかもしれない」と本気で思った。

反フォルモサのデモ（Gioi Tre Giao Hat Ky Anh氏のフェイスブックより）

そして驚いたのは、政府批判が堂々と行われていることだ。デモの中には「フォルモサをベトナムに連れてきたのは誰だ」「政府はカネをもらい、国民は災厄をもらう」という横断幕も見える。現場に行った記者仲間から聞いた話では「ベトナムは複数政党制を導入せよ」というプラカードもあったという。

これをハノイでやったら完全にアウトで、即逮捕だ（記者仲間は「瞬殺」と言った）。欧米の通信社は当局によるデモ抑止の動きがあったと伝えているが、人数が多すぎるし、事実上黙認された。

そして、フェイスブックでは当然のように政府批判が渦巻く。当局はアクセス制限をかけているようだが、ITの知識に豊かな若者は簡単に世界とつながる。だから私のようにハノイ特派員をお役御免になった東京のデスクでも、何が起きているのかを知ることができる。恐らく当局の発表より正しく。

とんでもない時代になった。特に一党独裁を維持したいベトナム共産党の「このままがいいな派」にとっては。

2016年の共産党大会で決まったベトナムのトップスリー。前列左からチャン・ダイ・クアン国家主席、グエン・フー・チョン書記長、グエン・スアン・フック首相（EPA＝時事）

忍び寄る一党独裁の終焉

さて、これからベトナムはどうなるのだろう。

結論を先に書けば、共産党一党独裁体制は意外に早く終わるのではないかと思う。そう考える理由は五つある。

グレムリンの大群

理由1＝闊歩する情報。 これまで書いてきたように、言論統制はもはや不可能だ。レ・ヒエウ・ダン氏の離党宣言がネットで注目を集め、反フォルモサのデモがフェイスブックで世界に発信されたように、情報が太陽の光もへいちゃらなグレムリンの大群になって大またで歩き回る。下手に言論統制すれば、反動で水面下での議論が過熱し、民主化運動が燃え広がる。統制などしてもしなくても、言論はそう遠くない将来、ベトナムの国花である蓮《ハス》のように水面《みなも》にきれいな花を咲かせるだろう。

理由2＝人が変われば国が変わる。 例えば政治局員の留学先を見ると、チョン書記長はモスクワ、ナンバーツーのチャン・ダイ・クアン国家主席は北京で、これまでエライ人はほとんど旧共産圏だった。でも副首相からナンバースリーの首相に昇格したグエン・スアン・フック氏はシンガポールで経済管理学を学んでいる。

ホーチミン市のグエン・ティエン・ニャン党書記はオレゴン大学で地域管理学、さらにハーバード大学で投資プロジェクト評価を専攻した。もう留学は共産理論を学ぶ場ではなく、最新の市場経済システムを肌で吸収する機会となっている。

ハーバード大学を卒業してベトナムで活躍しているエリートはすでに100人近いという。

ベトジェットエアのタオCEO
（EPA＝時事）

日本も留学先として若者に大人気だ。もはや共産主義思想に凝り固まったオジサンの時代ではない。

共産党員は儲からない

理由3＝共産党員は儲からない。「儲からなくなった」というべきかもしれない。以前のシステムなら、党員になれば多くの余禄というか役得というか「簿外収入」があった。それが高額になれば汚職という犯罪になる。

２０１４年3月に発覚したハノイの都市鉄道をめぐる汚職事件では、日本の会社が事業を受注するためにベトナム国営鉄道の幹部に約６６００万円を支払った。このとき会社の担当者は取り調べに「みんなやっていることだ」と言い放った。たぶんそうなのだろう。

ちなみにベトナムの公務員の給料はべらぼうに安い。16年の基本給は月額１２１万ドン（約６０００円）で、企業の法定最低賃金（２４０万ドン）の半額だ。もちろんこれでは生活できないから、大卒だと2・34倍の係数を掛けたりするのだが、それにしても薄給だ。でも、公務員の上層部を占める共産党員は、ほとんどが大きな家に住みマイカーを持っている。

しかし最近では、汚職に対する監視が厳しくなり、濡れ手で粟とはいかなくなってきた。むしろ今は、好きこのんで窮屈な党則に縛られる共産党員よりも、優秀な若者は外国語を勉強して外資系企業に勤めたり、ＩＴ企業を立ち上げたりする。

ちなみにベトナム一の大金持ちは「ビングループ」というコングロマリットを築き上げたビジネスマン、ファム・ニャット・ブオン氏だ。ブオン氏の資産は約24億ドルで、13年にはベトナム人として初めてフォーブス誌の「世界長者番付」にランクインした。

さらに最新の17年版番付には、格安航空会社ベトジェットエアの女性ＣＥＯ、グエン・ティ・フオン・タオ氏が約12億ドルで初登場。ベトジェットは機内のビキニショーで話題を振りまき、当局から何度もお叱りを受けている。でもカエルの面に何とやらで急成長し、時価総額でナショナルフラッグのベトナム航空をあっという間に抜き去った。さすがにビキニショーは共産党員ではできない。

マイケルのムーン・ウォーク

理由4＝ソフトパワーの威力。マイケル・ジャクソンが亡くなったとき、アメリカ文学者の佐藤良明氏は読売新聞に追悼記事を寄稿した。長くなるが一部を引用する。

〈アポロ11号と、マイケルの「ムーン・ウォーク」は結局どちらが人類にとって大きな一歩となったのか？

20世紀はアメリカの世紀と言われるけれども、朝鮮でもベトナムでも中米中東いずれにおい

ても、アメリカは軍事的に勝ってはいない。それでいて、アメリカは東西冷戦に一方的に勝利した。どんな力によって？（中略）

　プレスリーの登場以来、「近代の壁」を壊しまくってきた力が、共産圏の体制までも揺さぶりだしたのだ。（2009年6月29日朝刊）〉

　うーむ。思わずうなってしまう。これ以上的確なソフトパワーの説明は私にはできない。だれでもかっこいいものが大好きなのだ。マイケルのようにとんがったパワーは、独裁国家では生まれない。みんな自由な世界にあこがれる。

2016年2月のTPP署名式典。この後、米国が離脱した（AFP＝時事）

理由5＝外圧。これは内面で膨れ上がったベトナムのマグマを噴出させるトリガーになる。アメリカの離脱で発効は難しくなったが、ベトナムは環太平洋連携協定（TPP）の署名国だ。どう見ても署名した12カ国の中で経済競争力が最も弱いのに、なぜ仲間入りするのか。それはアメリカ向けの繊維輸出増加を見込んでいたという実利面もさることながら、実は国内改革を進めたがっているからだ。

　例えば国有企業改革は、いろいろな利権が複雑に絡み合っていてとても難しい。でも外圧を利用すれば、「国際ルールなんだからしょうがない」という言い訳ができる。そして、国際ルールを導入する以上、当然人権問題も国際ルールに合わせなければならなくなる。つまり民主化は欠かせない。

そして外圧という意味では、日本が果たす役割は非常に大きい。日本はベトナムにとって最大の政府開発援助（ODA）供与国だし、民間投資でも金額の大きい韓国よりもずっと信頼されている。憲法改正、裾野産業育成、貧困対策などさまざまな分野でも国づくりに協力している。

だから、やってあげようじゃないですか。「外国さんから文句言われてるんで、ここはちょっと辛抱願います」と政治家が言い訳できるような、圧力をぎゅっとかけてあげればいい。独裁国家ではなく、複数政党制の民主国家として、価値観を共有する真の戦略的パートナーとしてお付き合いしましょうと。そうすれば必ずお互いに発展できる。

変わりたがっているのは、実はベトナム自身だ。

第9章　日越の絆

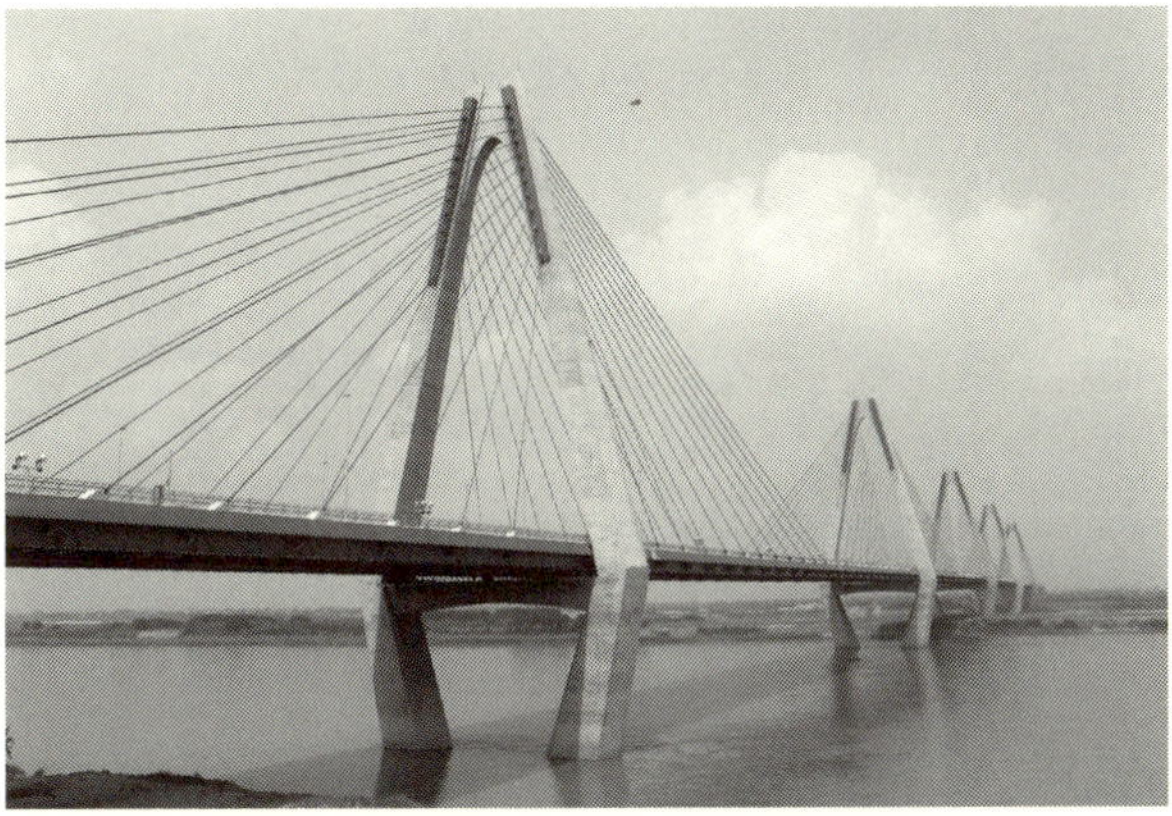

ハノイのニャッタン橋（日越友好橋）
日本のODAで建設された（JICA提供）

古き友

「ややあ、古き友よ」——と言ったかどうかはよく分からない。ただ、雰囲気がかなり親密であったことは確かだ。2013年1月16日、首相に就任して初の外遊先にベトナムを選んだ安倍晋三氏と、グエン・タン・ズン首相との会談である。

会談の冒頭には、アッキーこと昭恵夫人もチャン・タイン・キエム夫人も顔を見せて4人で記念撮影した。ズン首相を5年以上担当しているという地元紙の記者は

首脳会談の冒頭で記念撮影する安倍首相（左端）と昭恵夫人。右の2人はズン首相夫妻（AFP＝時事）

「夕食会などではなく、首脳会談に最初だけでも夫人が同席するのを初めて見た」そうだ。

ハノイに赴任してから、ズン首相と各国首脳の会談を直接、あるいはテレビで毎日のように見てきたが、どの国のトップも在任期間が長いため、いかにも親しげに肩をたたき合ったり、ハグしたりしていた。

ところが、鳩山、菅、野田と続いたわがニッポンの日替わり定食首相は、どこかぎこちなくて、堅くて、極めて緊密な日越関係を象徴しているとは言い難かった。

国は人

安倍さんはちょっと違う。前回の首相就任直後の２００６年10月、初めて迎える賓客として、これまた首相就任後初めての外遊先として日本を訪れたズン氏と会談。翌11月には安倍氏が、アジア太平洋経済協力会議（ＡＰＥＣ）首脳会議の舞台となったハノイを訪問して再び顔を合わせた。

また、野党時代の10年11月にもハノイで会い、11年10月には訪日したズン首相のホテルに出向いて対談している。さらに、今回の首相就任直後にも安倍氏から電話をかけて政策を協議するなど、「2人はとても馬が合っている」（ハノイの外交筋）。

谷﨑泰明駐ベトナム大使は「国と国との関係は、すなわち人と人との関係」と繰り返し強調する。ズン氏を「古き友」（ベトナム紙との書面インタビューでの表現）と呼べる日本の首相が、日越外交樹立40周年（日越友好年）の年明けに訪問したことの意義は極めて大きい。

それにしても、首相になるような人は、どういう体力の持ち主なのだろう。ハノイ滞在は20時間足らずだったが、公式イベントだけで七つ。私は東京から来た同行記者の下働きをしただけでフラフラになった（2人で夕食にありついたのは午後11時近かった）。

前回の安倍政権は自身の健康問題で1年も持たなかった。せっかくの古き友なのに、大丈夫かな。

ハノイの国家主席府で行われた安倍晋三首相の歓迎式典（EPA＝時事）

真の友

安倍首相はベトナムのほか、タイ、インドネシアの東南アジア3カ国を歴訪した。その理由は「民主主義、市場経済、人権などの価値を共有する」からだという。安倍さんの価値観外交（「自由と繁栄の弧」政策）である。

あれ？　と思った人は多いと思う。ベトナムって、共産党一党独裁で、社会主義国で、人権を抑圧してるんじゃなかったっけ？

実は私のコラムで「価値観外交は詭弁《きべん》ではないか」という青臭い私見を書こうと思っていたところ、朝日新聞の社説「東南アジア歴訪－『価値観』を語るなら」（2013年1月19日）に先を越されてしまった。

正直ちょっと悔しいが、こういう青年の主張のような、生真面目な論評を社説に載せるのは、さすが朝日だと思う。海洋問題での中国けん制やインフラ輸出など、当面の実利を重んじる思慮深い（処世術にたけた）大人なら、「まあ細かいところは目をつぶって」というところだろう。

でも、私はまだ若いし（精神年齢）、ジャーナリズムはやっぱり処世術ではなく、書生論でも正論を掲げるべきだと信じるので、二番煎じを承知であえて書く。

本当の友達って何だろう。相手に正すべき点があれば、それを真っすぐに伝えられる関係ではないだろうか。損得ではない、本当にベトナムのためを思って。

一部のア○○○人のように、年がら年中自分の価値観を押し付けて、「人権人権」とプレッシャーをかけ続けるのもどうかと思う。でも、ベトナムの国家のつくり方を尊重した上で、政府を批判するジャーナリストの逮捕など、「普遍的な価値観」に反する行動には、きちんと「それは違う」と直言すべきだ。

外交が正論だけで成立し得ないのはそれなりに承知しているが、損得のそろばんをはじくような音は聞きたくない。

谷﨑大使と人権外交

谷﨑泰明駐ベトナム大使の異動にはびっくりした。日本人が集まるたびに、「そろそろ3年だねえ。でもやっぱり日越友好年は谷﨑さんじゃなくちゃねえ」と確認して納得し合うほど、邦人社会に信頼が厚い大物大使だからだ。

私はハノイに来てから大使に4回インタビューし、ベトナムへの熱い思いを伺ってきた。こ

谷崎泰明大使

れまでは「謦咳《けいがい》に接する」「薫陶《くんとう》を受ける」域を出なかったのだけれど、こちらにも「ベトナムの筋肉」が少し付いてきて、そろそろナマイキにも意見を戦わせなければと思っていた矢先だった。

その一つが、ベトナムの人権問題だ。安倍晋三首相は「民主主義、市場経済、人権などの価値を共有する価値観外交」でベトナムに来た。でも、これってどうなんでしょうと。

そして、谷崎大使に文書で質問を提出した（インタビューを申し込んだのだが、大使館から「重要かつ微妙な問題」として、文書での提出を求められた）。質問は要約すれば、「ベトナムの人権問題に関して谷崎大使の見解を伺いたい。日本政府は、ベトナムの人権問題にどう対応するのか」である。

返事はずいぶん待たされた。質問を提出したのが２０１３年2月16日、回答は5カ月後の7月10日。これはほっぽっておかれたのではなく、それだけ「重要かつ微妙な問題」で大使館と外務省の調整に時間がかかったためだと私は思っている。回答は大使個人ではなく、ベトナムの人権問題に対する日本政府の公式な見解であり、資料的な価値もあると考えるので、以下に大使の許可を得た上で全文を紹介する。

谷﨑大使の回答

先に質問をいただきましたベトナムの人権について、以下のとおりお答えします。ジャーナリストやブロガーなどの個別のケースに関してはコメントを差し控えたいと思いますが、人権、基本的自由は普遍的な価値であり、ベトナムにおいても尊重される必要があると考えます。

ハノイ市人民裁判所の前で、元警察官のブロガー、グエン・フー・ビン氏の無罪を訴える人たち（AFP＝時事）

しかし、それぞれの国には個別の歴史、伝統などが存在します。わが国としては、全ての国が人権に関し普遍的な価値を目指しながらも、そこに至る過程はその国の置かれた状況によって異なり得ると考えています。このため、わが国は個別の状況を踏まえ、対話と協力を通じて人権状況の改善に寄与するという立場をとっています。

わが国は、国連人権理事会における普遍的・定期的レビュー（UPR）を重視しており、2009年に行われたUPRにおけるベトナムに対する審査に、事前質問および報告書のとりまとめを行うトロイカの一国として参加しました。

その際、わが国から、ベトナムに対し、少数民族・障害者・女性や児童、HIV／AIDSの貧者や人身取引被害者などの社会的に脆弱な人々の人権のさらなる向上に取り組むことを勧告しました。

さらに、自由権、社会権などすべての人権・権利は不可分かつ相互補完的であり、経済社会的諸権利の促進とともに、公正な裁判手続きの確保や宗教の自由等を含む市民的政治的権利をバランス良く実現することが重要であること、また、健全な民主主義には表現の自由を含む政治的自由と、自由で独立したメディアが果たす役割が重要であることを指摘しています。

併せてベトナム政府関係者に対しては、UPRにおいてわが国に対し出された勧告にかかわるわが国の取り組みを紹介するなどしてきています。

今後ともベトナム経済・社会のさらなる持続的発展、あるいはわが国とベトナムとのより成熟した関係の構築などの観点から、こうした努力を続けていきたいと考えます。

蟷螂の斧

日本政府がベトナムの人権問題で勧告しているとはまったく知らなかった。私は勝手に、ベトナムのアキレスけんである人権マターは、機嫌を損ねられると面倒だから、あえて触れないようにしているのかと思い込んでいた。すみません。

でも、やはり、形式的な対応だと感じてしまう。

アメリカのデービッド・シアー駐越大使は、谷﨑大使が「コメントを差し控えた」ジャーナリストやブロガーの抑圧に、何度も「懸念」や「深い憂慮」を表明している。それでも、米議会では「人権問題に真剣に取り組んでいない」として、大使の解任を要求する動議が出された。

それが、アメリカの強さなのだと思う。「民主主義はややこしく、複雑で困難なものだ」（大統領選挙後のオバマ氏の勝利宣言演説）と認めながらも、「自由」や「人権」を何よりも尊ぶ。アメリカは問題もたくさんあって敵も多いけれど、もがきながらも前へ進む力がある。

もちろん、政治システムが全く違うこの国で「人権人権」と〇〇の一つ覚えみたいに叫ぶのもどうかと思う。でも声を上げなければ何も始まらない。

アメリカのデービッド・シアー駐越大使（AFP＝時事）

手前みそだが、人権問題ではジャーナリズムが、特に（当局がおいそれとは手を出せない）外国のジャーナリストが果たす役割は大きいと信じる。「蟷螂《とうろう》の斧《おの》」かもしれないが、カマキリだってそんなに弱くないぜ。

泣きたい大使——後日談

谷﨑大使はその後、インドネシア大使に就任した。

日本が進めていたジャワ島の高速鉄道整備計画を、後から「政府の保証はいらない」などと常識では考えられない甘い条件を出してきた中国に持っていかれるなど苦労しておられる。ジャカルタ駐在の記者仲間に聞くと、大使は「ベトナムのことを思い出すと（楽しい日々が懐かしくて）泣きそうになる」とこぼしているとか。

ちなみに中国が受注した鉄道建設は、やはりというか、ほとんど進んでいない。

戦略の友

安倍晋三首相のベトナム訪問から1年が過ぎた2014年3月、こんどはチュオン・タン・サン国家主席が日本を国賓として訪問した。国賓と簡単に言うが、天皇陛下主催の晩さん会や首相主催の昼食会が開かれる最上級のお客様で、この年はほかにオバマ米大統領だけ。前年はオランド仏大統領とパートナー（ファースト・ガールフレンドだそうです）一組だけだった。

ベトナムからはグエン・ミン・チェット前主席も07年に国賓訪問を果たしている。オバマさんは米大統領として18年ぶりの国賓待遇だった。天皇陛下は国の大小に分け隔てなくお客様をお招きになると聞くが、7年で2回のベトナムは破格のおもてなしと言える。

日越両国はさまざまな分野で協力強化に合意したほか、これまで結んでいた戦略的パートナーシップを「広範な（extensive）」関係に深めることで合意した。

日本の外務省の説明によると、現在ベトナムは最高レベルの協力関係を表す言葉として、「包括的（comprehensive）戦略的パートナーシップ」を使っており、これは中国とロシアだけ。日本をこれと同等の関係に高めたいと、「ベトナム側から非常に強い意向が示された」という。ん？ 同等？ 言葉が違うじゃないですか。「どちらが上とか、そういうことは全然ないんです」（外務省）。

サン国家主席（左）と安倍首相（AFP＝時事）

うーん、何だか語感としては「包括的」の方がエライような印象を受ける。ベトナムの外務省にも二つの言葉の定義や意味について問い合わせているが、回答はない。
恐らく、少なくとも日本側にとって、深い意味はないのだと思う。日本の新聞各紙も一切触れていない。でも、ベトナムの報道は違う。英字紙ベトナム・ニュースの見出し「越日関係、新たな高みに」をはじめ、各紙は軒並み「戦略的パートナーシップが広範な関係に格上げされた」ことを、サン主席訪日の最も重要な成果の一つとして報じた。
いまだに「包括的」と「広範な」の意味がよく分からな

いけれど、この取材で感じたことが二つある。一つは、ベトナムは「お題目」をとても大切にする国だということ。ベトナムには失礼ながら、個人的には「広範」でも「包括的」でもどうでもいいじゃないかと思う。でもベトナムにとっては、とても重要なことなのだ。これはビジネスでも頭の片隅に置いておくべきだろう。

二つ目は、ベトナムにとって日本との関係は、少なくとも言葉に置き換えると、中国、ロシアと同等ではないということ。これについては、戦略的に「広範」と「包括的」がどう違うのか、日越両国の目線で勉強していきたい。

ディエンビエンフーの秘史

5月7日は、1954年にベトナムがフランスを打ち破った「ディエンビエンフーの戦い」戦勝記念日だ。その60周年の記念式典を、ラオス国境に近い北部山岳地帯の現地に行って見てきた。

街の中心部では人民軍など約1万5000人がパレードして国威を発揚するとともに平和を誓い、タイ族やモン族といった近隣の少数民族もパレードに加わり、民族融和を訴えた。いつも平べったい紅河デルタのハノイにいるので、高く連なる山々とカラフルな民族衣装が印象的だった。
ディエンビエンフーの戦いは、ベトナムがフランスからの独立を目指して戦った第1次インドシナ戦争で最大の戦闘だ。ホー・チ・ミンの腹心ボー・グエン・ザップ将軍が指揮して総攻撃をかけ、フランス軍の要塞《ようさい》を陥落させた。この勝利はジュネーブ和平会談に大きく影響し、フランスのインドシナ撤退につながった。

パレードする人民軍兵士

残留日本兵が助太刀

この世界を驚かせた大勝利の陰には、教科書に載っていない「ベトナムの秘史」がある。旧ソ連や中国など社会主義陣営の支援もさることながら、残留日本兵の助太刀が大きな役割を果たしたのだ。

1945年9月にホー・チ・ミン率いるベトナム独立同盟会（ベトミン）が独立宣言したベトナム民主共和国（北ベトナム）は、再植民地化をもくろむフランスに対抗するため、軍事力の強化を図る。特に軍事教練に協力したのが、第2次世界大戦で仏印に進駐し、戦後もベトナムに残っていた旧日本兵だった。

国立ハノイ宗教研究院の大西和彦客員研究員によれば、ベトミ

ディエンビエンフーでフランス軍の拠点に軍旗を掲げるベトミン軍兵士（AFP＝時事）

ンは766人の残留日本兵に、クアンガイ陸軍中学校など士官学校の建設を依頼。日本兵は教官として、敬礼などの基礎動作から戦闘訓練まで「軍事ソフトをそっくり入れ替えた」という。

大西研究員は「仏軍は完全にベトミン軍の実力を軽視していた。しかし、8万人の兵力の招集や大砲の急斜面への設置、爆薬の扱いなど、日本兵の指導はベトミンの軍事力増強に大きく貢献した」と分析する。

ただ、ベトナム側はこれを公には認めていない。ベトナムはどこの国にも頼らず、あくまでも人民が団結してフランスを追い払ったのだと。

それでも、ベトナム戦争などをテーマにドキュメンタリー映画の制作を続ける「ベトナム解放映画社」のバン・レ監督は「ザップ将軍の参謀の半分は日本人だった」として、残留日本兵を顕彰する石碑を建てる運動を行っている。

どうも日本の近代史では世界に頭を下げさせられてばかりだが、残留日本兵はインドネシアでもオランダからの独立戦争で大活躍した（こちらはスカルノ大統領がきちんと叙勲している）。

もちろん歴史を振り返って反省することは大事だけれど、こういう日本人が胸を張れるような史実は、もっと知られていい。

岸田文雄外相（左）とファム・ビン・ミン副首相兼外相（AFP＝時事）

ＯＤＡの「再開」

岸田文雄外相は２０１４年8月にベトナムを訪問し、巡視船に改造できる中古船６隻を政府開発援助（ＯＤＡ）で無償供与する計画を表明した。南シナ海で悪さを続ける中国をけん制するためだ。これ自体は必要なことだし、評価すべきなのだが、どうも釈然としない。ベトナムの汚職体質がぜんぜん改まっていないのに、あっさりＯＤＡを再開してしまったからだ。

鉄道コンサルタント会社の日本交通技術（ＪＴＣ）は、ハノイ市の鉄道建設事業を受注するため、ベトナム側の担当者に約６６００万円の賄賂を渡していた。この汚職事件をすっぱ抜いたのは読売新聞で、国賓として訪問したチュオン・タン・サン国家主席が日本から帰国した翌日、１面トップで「ＯＤＡリベート1億円」「外国公務員に贈賄疑い」と見事なスクープを放った。主席の国賓訪問を終えるまで報道を控えたのは、日越関係への配慮か武士の情けか。

日本政府は報道を受けて、ベトナムに対する新規ＯＤＡ供与をストップ。サン主席の訪日で「過去最良」と盛り上がった日越の蜜月に暗雲が漂いはじめた。

「金がすべてを支配している」

対越ＯＤＡの停止は、２００８年のホーチミン市東西ハイウエー事業に絡む贈賄事件に続いて2度目。日本の外務省によると、対外円借款は核実験（１９９５年の中国、98年のインドとパキスタン）と人権侵害（１９９２年のスーダン、２０１１年のシリア）を理由に停止した例があるが、汚職で2度も停止したのは「記録にある限りベトナムだけ」（国際協力局政策課）で、深刻な汚職体質が改めて浮き彫りになった。

ホーチミン市のときは事件を反省し、先ざきの汚職防止策で合意した上で3カ月後にＯＤＡを再開した。しかし、ＪＴＣの賄賂受け渡しは防止策合意直後の09年から始まっている。つまり、この防止策は何の役にも立たなかったことになる。

ホーチミン市の幹部に賄賂を渡した会社の社長は取り調べに「金がすべてを支配している。どの社もやっている」と言い放った。そして今回また、ＪＴＣ社員も「みんなやっている」「必要だからしょうがない」と開き直った。何も、まったく、変わっていない。

だからこそ今回は、日本政府も厳格に対応し、ベトナム側が本気で汚職問題の改善に乗り出すまではODAを再開しないのではないかと、少しばかり期待もしていた。しかしあっさりと、事件発覚からわずか4カ月後、「新たな汚職対策で合意」し、岸田大臣の「手土産」という形でODAを供与した。しかも無償《ただ》だ。

実際のところ汚職なんてぜんぜん問題ナシ。これではODAを「停止」したとも言えない。長い会議で10分のコーヒーブレークを挟むくらいの意味合いしかない。私腹を肥やしたベトナムの人たちもほくそ笑んでいるだろう。

という記事を書いたところ、ある読者から「厳しいことを言ったらやっていけない。清濁併せのむのが外交」と感想（批判）を頂戴した。

交通整理をする女性警官が増えている。交通警官は汚職の代名詞で、女性登用はイメージ改善が狙いだ（AFP＝時事）

それは分かる。特にこの国では分かってしまう。でも記者が「分別のある大人」になってしまったら、汚職は永遠になくならない。ベトナムで汚職の記事を書くと強い徒労感に襲われるけれど、まだまだ青くさいのを書きますよ。

日越共同イニシアチブ第５フェーズの最終評価会合

消えた「汚職」

消えた汚職と言っても、ベトナムから汚職がなくなったわけではない。ベトナムの投資環境改善に日本が協力して取り組む「日越共同イニシアチブ」のことだ。

イニシアチブは、日本の政府と民間企業が「もっとインフラを整備して」「通関制度を改善して」と細かく、たくさん注文を出し、できたかできないかを一つひとつマルバツで合格判定するという、「よくこんなやり方をベトナムが受け入れたな」と驚き感心する交渉システムである。

2003年に始まったイニシアチブを両国が辛抱強く続けているのは、2国間関係が良好なことに加え、双方に大きなメリットがあるからだ。これまでは日越だけのユニークな取り組みだったが、13年からベトナムを見習ってミャンマーでも始まった。素晴らしい枠組みだと思う。

「内政干渉だ」

ただ、一つ腑《ふ》に落ちないことがある。汚職問題だ。イニシアチブの第1段階では、23番目の項目に「汚職撲滅」という柱が立っていた。ずいぶん昔の話だが、どんなことを話し合っていたのか見てみよう。

① 汚職防止のアクションプラン及び具体的措置を引き続き強力に実施する

② ビジネスセクターと政府とのホットラインの機能を強化する

③ 税や税関その他の行政制度面での公平、中立、透明性、説明責任及び行政手続きの簡素化を進めるための努力を継続する

やはり、当時から税関で相当ご苦労されていたようだ。ならば第2段階ではさらに突っ込んで……あれ？　ない。消えてしまった。第2段階以降、汚職問題がまったく取り上げられていない。

当時の事情を知る関係筋によれば、汚職問題を議論のテーブルに乗せようとする日本側に対し、ベトナム側から「内政干渉だ」とクレームが入り、泣く泣く落としたという。しかし、内政干渉と言うなら、イニシアチブの項目はすべて内政マターではないか。汚職問題は、よほど触れられたくない機微な部分なのだろう。

そして、ホーチミン市の東西ハイウエー事業、ハノイ市の鉄道建設事業で、贈賄事件が起こるべくして起こった。たまたま明るみに出ただけで、氷山の一角だろう。これで、いいのだろうか。

ホーチミン・ラウンドテーブルの成果

イニシアチブには見習うべき先輩がいる。ホーチミン日本商工会とホーチミン市人民委員会が毎年開催している「ラウンドテーブル」だ。1998年にスタートし、当時は外国の民間企業団体が社会主義国の当局に直接意見を申し入れる画期的な試みとして注目され、イニシアチブのモデルにもなった。

ラウンドテーブルでは当初、汚職問題について、当局から「そんなものは存在しない」と突っぱねられ、議題にすることさえできなかった。しかし、毎年粘り強く交渉を続け、まずは汚職の存在を認めさせ、対策を議論し、ついに税務局や税関局の局長をはじめとする幹部の携帯電話番号とメールアドレスを、すべての日本商工会加盟企業に開示させるという成果を上げた。これは「袖の下なんか要求したら局長に言いつけるぞ」という強い抑止力になる。

ホーチミン・ラウンドテーブル
（ホーチミン日本商工会提供）

商工会はそれでも満足しない。当局に「開示だけではだめだ。会員企業がみんな税務局長ら個人の連絡先を知っていることを、通関の担当者に周知徹底してほしい」と求めている。民間企業はそれだけ汚職問題に対して切実なのだ。

イニシアチブはまだまだ続く。汚職問題を、ラウンドテーブルにならって改めて正面から議論してみてはどうだろう。

桜蓮同盟

日本とベトナムが共同で創設した「日越大学」が2016年9月、ベトナム国家大学ハノイ校を構成する7番目の大学として開校した。ベトナムにはフランスとドイツがそれぞれ独自に大学を開設しているが、2カ国の国家プロジェクトとして立ち上げた大学は初めてだ。

ベトナムでは、富裕層の子弟は120％留学すると言われる。120％とは、自分の子どもだけでなく、親戚の子まで留学させることを端的に表現している。なぜか。はっきり書いてしまうけれど、ベトナムの大学のレベルが低いからだ。

ベトナムでは国公立や私立を問わず、すべての大学でマルクス・レーニン主義が必修科目。共産党員は国民の5％しかいないのに、既に消滅した国家の全体主義思想を学ばされるのは、歴史学者ならともかく、さすがにツライものがある。

また、ベトナムの大学は旧ソ連型で、学問と研究が切り離され、教育は大学で、研究は国家

日越大学のロゴマーク

機関のアカデミーでというシステム。だから研究に基づく学術論文はほとんど出てこないし、国家を担うリーダーの養成も難しい。高校を長く続けるようなものだ。

それはベトナムのエライ人たちもよく認識していて、「広範な戦略的パートナー」の日本に「国際ランキングに入るような大学づくりに協力してほしい」と要請があった。その後は政治主導で話が進み、取り急ぎハノイ大学の校舎を間借りして、修士課程だけでのスモールスタートとなった。

最初に要請があったのが09年だから、日本とベトナムという何をするにしても時間がかかる国どうしのプロジェクトとしては、なかなかのスピードだ。今後は博士課程の開設、そして教養学部を含む総合大学の創立へと取り組みが続く。

アジアのハーバードに

日越大学のロゴマークには、両国を象徴する桜と蓮《ハス》があしらわれている。計画を引っ張った武部勤・元衆院議員（日越友好議員連盟特別顧問）は「日越大学は強力な戦略的パートナーシップを象徴する『桜蓮《おうれん》同盟』だ。将来はアジアのハーバードにする」と目標を高く掲げる。

学長にはベトナム現代史の研究に40年以上取り組んできた古田元夫・東大名誉教授が就任し

古田元夫・日越大学学長

た。古田氏は「日越だけでなく、東南アジア諸国連合（ASEAN）の拠点大学の役割を果たせればと思う。長期的には国際開発について、欧米とは異なる日本モデルというか、ASEANモデルを発信できる拠点にしたい」と構想を膨らませる。

修士課程プログラムは「公共政策」「ナノテクノロジー」「地域研究」「社会基盤」「環境工学」「企業管理」の六つ。企業管理を学ぶグエン・チョン・フン君は学生向け新聞を発行する記者の卵だ。

フン君は「『新聞社の斬新的な管理』プロジェクトを立案し、ベトナムと世界の若者向けの刊行物やメディア・サービスの多様化を図りたい」と夢を語る。がんばれフン君！　がんばれ桜蓮同盟！

天皇とベトナム

天皇皇后両陛下は2017年2月から3月にかけて、ベトナムを初めて訪問した。私はもう現地の特派員ではないから間接的な取材しかできなかったけれど、その同じ空気に触れたくて久しぶりにハノイに行ってきた。

まず驚かされたのは、その歓待ぶり。空港での出迎えは通常の官房長官ではなく国家副主席。最高指導者の共産党書記長は、党本部ではなく別荘に初めて外国の賓客を招いた。高齢の両陛下を気遣い、別荘の方が少しでもホテルに近いという配慮からだった。

国家主席主催の晩餐会では「幻の鶏」と呼ばれる「九つ爪鶏」が80人分用意された。主席は陛下が中部の古都フエに旅立つ前にホテルまで来て陛下を見送り、首相はフエまで同行した。まさに「国賓以上のもてなし」（ベトナム研究者）だ。

戦争の贖罪

陛下の年齢を考えると、心身への負担が大きい外遊はこれが最後になるかもしれない。ではなぜベトナムなのか。

まず、ベトナムは日本の安全保障にとって地政学的に、また経済面ではビジネスパートナーとして「特別な関係」だということ。陛下が晩餐会で述べられたように、奈良の大仏開眼の儀式（752年）でベトナムの僧侶仏哲《ぶってつ》が舞を奉納するなど文化的なつながりも深い。

もう一つは外交儀礼《プロトコル》。日本は2007年にグエン・ミン・チェット氏、14年にチュオン・タン・サン氏と、ベトナムの国家主席を2人続けて国賓として招いた。日本からすれば破格の厚遇だが、招くだけではベトナム目線で「朝貢」に見えなくもない。ベトナムからは何度も陛下招請の希望が伝えられていたため、外交的に対等なパートナーとして礼にこたえた。

そして何より、戦争の贖罪《しょくざい》だ。陛下は全身全霊をかけて、日本の過去を背負い、償おうとしておられる。それは15年のパラオ、16年のフィリピン、そしてベトナムと続いた外遊の足跡を見れば分かる。

日本はベトナムと直接戦火を交えていないが、仏印進駐という形で国民に苦難を与えたのは事実。今回のハノイ訪問のハイライトは、フランスからの独立戦争後に日本に引き揚げた元進駐軍兵士が、泣く泣くベトナムに残した家族と両陛下の対面だった。

元残留日本兵の家族と対面する天皇皇后両陛下（AFP＝時事）

１９５４年の本土引き揚げでは、家族の帯同が許されなかったのだ。残された妻や子は、ベトナム戦争でアメリカに協力した「ファシスト日本」の同類として、ののしられたり、いじめられたりした。
両陛下は、元日本兵と引き裂かれたベトナム人の妻や日系2世ら15人と面会し、それまでの苦しみを分かち合うように腰を折って家族の言葉にじっと耳を傾け、一人ひとりの手を握って「いろいろとご苦労もあったでしょう」といたわった。

ある家族は「今までのつらさや苦しみはすべて消えた」と涙を流したという。国家の象徴としてのお言葉は、政治家の千の謝罪よりも日本人の心が伝わったと思う。

陛下は、もし健康状態と政治状況が許せば、畢生《ひっせい》の使命を韓国、そして中国への慰問と考えておられるのではないか。それくらいの念《おもい》を感じた。

三つの裏切り

陛下のベトナム訪問では、日本の「三つの裏切り」についても考えさせられた。それは外交評論家の金子熊夫氏が指摘する「ふだん表には出さないが、ベトナムが常に懐に持っている3枚のカード」だ。

「カード」を古い順にめくっていくと、1枚目は仏領インドシナ時代の独立運動家、ファン・ボイ・チャウを日本から事実上の国外退去にしたこと。チャウは1905年に来日し、静岡県の医師・浅羽佐喜太郎らの支援でベトナムの若者を日本に留学させる東遊運動《ドンズー》を展開した。このチャウと浅羽の個人的な親交は、日越友好の象徴とされている。

しかし国と国との間では、危機感を強めたフランスが日本政府に働き掛けて活動を締め付け、チャウはやむなく離日、フランスに逮捕されてしまう。

陛下は古都フエにあるチャウの記念館を訪れ、墓前で深々と一礼した。チャウの孫でカナダ在住の医師ファン・ティエウ・カットさんとも面会し、「歴史というものを知って、現在やこ

チャウの孫ファン・ティエウ・カットさん（左）と握手する天皇陛下（時事）

れからの在り方を知ることはとても大事なことです」と話した。

この言葉で、チャウは日本を許してくれたのではないだろうか。

大飢饉

カードの2枚目は、仏印進駐軍の食料徴収が引き金になり、1945年に200万人が餓死したとされる問題だ。これはホー・チ・ミンが独立宣言で「フランスと日本という二重の枷《かせ》をかけられ（中略）、200万人の同胞が餓死した」と非難し、中学や高校の歴史の教科書にも明記されている。

その数については論争が続いているが、「桜蓮同盟」の古田元夫学長が東大助教授のとき詳細に現地調査し、タイルオン村での記録（犠牲者3968人）がほぼ正確だったことを確認した。古田氏は200万という数字を肯定も否定もしないが、「大飢饉は、日本が起こした戦争の中で起きた悲劇であることは間違いない」と言い切る。

その大飢饉の犠牲者の慰霊碑がハノイにある。実は、陛下のベトナム訪問の行程の候補に挙がったが、実現しなかった。その理由は、日本が大飢饉の責任を認めるとマズイなどという政

大飢饉の犠牲者の慰霊碑

治的な思惑ではなく、慰霊碑が家屋の密集する狭く入り組んだ街中にあるため、どうしても陛下一行をお迎えすることが不可能だったからと聞く。

私も参拝したことがあるが、慰霊碑は地元の人もほとんど知らず、何度も何度も道を尋ね、途中からは車も入ることができない路地を通り抜けてたどりついた。慰霊碑の下には実際に多くの人骨が埋まっているという。

陛下のお気持ちとしては、やはりここで飢餓に苦しんだ霊魂を弔《とむら》いたかったのではないかとお察しする。その数が200万人でも2000人でも。

ドクさん

3枚目のカードは、ベトナム戦争で日本がアメリカに協力したことだ。特に沖縄をはじめとする米軍基地は出撃拠点となり、物資補給などで重要な後方支援の役割も果たした。

陛下はハノイで、米軍がまいた枯れ葉剤の影響で結合双生児として生まれた「ベトちゃんドクちゃん」の弟、グエン・ドクさんと面会した。ドクさんはふだんホーチミンにいて、自身も障害者であるため実現は難しいとの見方もあったが、ドクさんは「大変光栄なこと」とハノイ

天皇陛下と話すドクさん（中央）（AFP＝時事）

に飛んだ。

ドクさんは、日本にちなんで名付けた長男のフーシー（富士）君と長女のアインダオ（桜）さんの写真を見せ、皇后さまは「ご家族一緒にお元気でね」と顔をほころばせた。天皇陛下は「（兄の）ドクさんが亡くなったことは残念でした」と気遣いを忘れなかった。

ベトナムがこの「3枚のカード」を自分からチラつかせることは、まずないと思う。中国に長く支配され、フランスや日本からも自由を奪われ、1945年の独立宣言後も長く戦争が続いたベトナム。過去のうらみつらみをいちいちカードにして持っていたら、いくら懐が大きくてもしまいきれない。

でも、ベトナムの真の友人になりたいのなら、日本人は忘れてはいけない。陛下のお言葉通り、歴史を知り、これからを知ることはとても大事だ。

第10章

拝啓ベトナム様

ホー・チ・ミン生誕125周年の記念式典

拝啓ベトナム様。

私がベトナムで過ごした4年間は、とても濃密な時間でした。あの肌にまとわりつく湿った熱気や、鉄砲水のようなバイクの群れと息苦しくなるほどの排気ガス、大きな氷が浮かぶビールグラスの冷たさ、ヌクマムと汗のにおい。単なる追想としてではなく、具体的な体感としてまだはっきり覚えています。

私はベトナム大好き人間、というわけではありません。会社でベトナム担当になったのもたまたまです。でも、あなたはこれまで向き合った取材相手として、一番面白かった。若くて明るくて楽天家で、良い意味でいい加減で、これからどんどん大きくなっていく楽しみがあります。

日本は戦後の廃虚から身を起こし、あっという間に経済大国になりました。あなたがドイモイ（刷新）で目指している発展を、とても上手にやり遂げました。G7（先進7カ国）の一員として、いわば世界の先頭集団を走っています。

しかし、その世界はいま、もがいています。グローバリズムの弊害に手をこまねき、新興国のプレゼンス増大による政治経済地図の変化への対応が遅れ、むごたらしいテロはやまず、ポピュリズムが蔓延し、あちこちできな臭い動きが起きています。

そんな中にあって、ベトナムの政治体制は盤石です。共産党一党支配で基本的にブレがない。

社会主義というと何となく暗いイメージがあるけれど、多くの国民がにこにこ笑っている。経済成長の果実を、きちんと国民に還元しているからでしょう。

イギリスのシンクタンクがまとめた2016年の「地球幸福度指数」という統計では、ベトナムは5位でアジアトップ、日本は58位だそうです。幸せをモノサシで計れるのか、という疑問はさておき、何となくうなずいてしまう順位です。いい加減な楽天家（決めつけてすみません）は基本的に幸せです。

ベトナム北部の少数民族の子どもたち
（AFP＝時事）

幸せといえば、中国とインドに挟まれた小国ブータンは、経済的な成長ではなく、国民総幸福量（GNH）を政策の根幹に据えています。小さい国だからできるのかもしれませんが、「桃源郷」とも呼ばれるアジアの王国には、ちょっと妬ましささえ感じてしまいます。

そのブータンでは、国王が08年に独裁を放棄して立憲君主制に移行しました。その理由は「今はよくても、将来悪い国王が現れたら国民が幸せになれないから」だそうです。何ともかっこいい。

どうでしょう、共産党も国民に大政奉還しては。なにも共産党をなくすわけではありません。国民に自由な議論に参加してもらい、複数政党制を認めるのです。

経済成長はいつか必ず止まるし、人間は、エリート集団の共産党といえども、絶対に間違わないとも限りません。だからいろいろな意見をごちゃごちゃと、時にはケンカをしながら戦わせれば、より良い方向が見つかるのではないでしょうか。一党体制の安定も捨てがたいけれど、世界の複雑な変化に対応するには国家としての強靭なしなやかさが必要です。

おそらくその必要性はあなたも十分認識しているのではないでしょうか。２０１３年憲法に公正な選挙を目指す「国家選挙評議会」の創設を盛り込んだのは、複数政党制導入の準備だと私は受け止めています。

もちろん急ぐ必要はありません。民主化を急ぐと「アラブの春」のように国内が混乱し、お隣の大国がちょっかいを出してくる恐れもあります。ベトナムではよく「遅々として進む」と言われますが、「政治のドイモイ」は慎重に進めるべきだと思います。

私は宮仕えの身なので、もう直接のベトナム担当ではなくなってしまいましたが、いまでもあなたのことを熱く見続けています。そしてこれからも一緒に考え、応援します。

あとがき

この本が日の目を見るまで、たくさんの方々にお世話になりました。お会いした順番にお礼を言わせてください。肩書は最初にお目にかかったときのものです。

直属の上司だった伊藤努・国際室編集部長。「お前ベトナムやれ」とご指名いただいたのが始まりでした。二人三脚でベトナム便をつくりましたね。

大ボスの明石和康・国際室長。的確な判断と指示のおかげで、ハノイ支局が立ち上がりました。

アジア投資センター（ＡＴＣ）の日高敏夫会長。何から何までおんぶに抱っこで頭が上がりません。

相棒のＫ君こと小林隆・香港特派員。また行こうぜ、兄弟。

オリザベトナムの中安昭人社長。せめて「知恵袋」にしてくれと言われていますが、やはり「歩くベトナムの百科事典」です。

ストリンガーのナム・バンさん。あなたはベトナム一の水先案内人です。

ベトナム経済研究所の窪田光純所長。たくさん頂戴した有益な助言の中で、唯一「大御所のアドバイス」は残念ながら生かす機会に恵まれませんでした。

ＡＩＣベトナムの斉藤雄久社長。「ハノイ寅（年生まれ）の会」は永遠に不滅です！

早稲田大学の坪井善明教授。私の考察の多くは、先生のご指導をベースに組み立てました。

外交評論家の金子熊夫氏。「三つの裏切り」から「アオザイ美人の問題」まで、広く深いご教示に感謝いたします。

アパートの大家さんファミリー。まるで家族の一員のような温かいもてなしは忘れません。

助手のルー・トゥ・アインさん。よく「右腕」と言うけれど、君は僕の「両手両足脳みそ半分」でした。

そして、ここにはとても書ききれない皆々様。本当にありがとうございました！

【著者紹介】

高橋伸二（たかはし・しんじ）

1962年千葉県生まれ。
1985年青山学院大学法学部卒業。時事通信社入社。
内政部、佐賀支局、外国経済部、シカゴ支局、国際室、ハノイ支局長を経て
2017年から海外速報部長。

アオザイ美人《びじん》の仮説《かせつ》　おもしろまじめベトナム考《こう》

2017年10月２日　初版発行

著　者：高橋伸二
発行者：松永 努
発行所：株式会社時事通信出版局
発　売：株式会社時事通信社
〒104-8178　東京都中央区銀座 5-15-8
電話03(5565)2155　http://book.jiji.com

本文デザイン／DTP　株式会社明昌堂
装幀　江森恵子（クリエイティブ・コンセプト）
カバー写真　表：AFP=時事、裏：EPA=時事
印刷／製本　中央精版印刷株式会社

ISBN978-4-7887-1534-9 C0036 Printed in Japan